7일간의 취업수업

7일간의 취업수업

비전수립부터
회사분석/자소서/면접준비/회사선택까지
1 2 3 4 5 6 ✓ 세심한 가이드

Hi FACTORY

프롤로그

2015년 하반기에 한 대학교에서 이 책의 핵심적인 내용을 가지고 경력개발 및 취업에 대한 강의를 진행했었다. 학생들이 열정적으로 참여하였는데 강의 후 많은 감사메일을 받게 되었다. 몇 통만 소개한다.

> 15년도에 교수님의 수업을 들으면서 제가 좋아하던 게임분야에 발을 담궈보자는 생각을 가졌었고 16년도 초 교수님의 조언을 받고 넷마블의 '마블챌린저' 대외활동에 합격을 하였습니다.
> 그 땐 이것이 제 인생에 있어서 이렇게 큰 전환점이 될 줄 몰랐습니다. 마블챌린저 활동에 전념해보고자 저는 과감하게 휴학을 결정을 하였고 학교 생활보다 더욱 값진 것을 얻어간 것 같습니다.
> 모바일게임 1위 기업에서 게임 업계가 어떻게 돌아가고 있나 몸소 체험을 해볼 수 있었고 살면서 바꿀 수 없을 소중한 9명의 동료들과 매일 머리를 맞대며 어떻게 하면 재미있는 콘텐츠를 만들 수 있을까 고민을 하고 저희 스스로 기획서를 내며 여러 가지 히트친 콘텐츠를 만들어 보았습니다. 인재개발팀 직원 분들도 페이스북에서 저를 봤다며 먼저 인사를 건네 주시고 후임 기수를 뽑는 면접장에서도 마블챌린저가 되어 저와 같은 연기

> 를 해보고 싶다는 면접자 분들의 말에 굉장히 뿌듯했었습니다.
> 이 기쁨, 즐거움, 행복함은 모두 교수님의 수업을 듣지 않았더라면 얻지 못했을 것들 입니다.
> 다시 한 번 감사하다는 말씀을 드리고 싶습니다. 아직 갈 길은 멀지만 교수님 수업에서 만들었던 2016 Life Plan을 완벽하게 아니 300%로 수행을 하여 정말로 뿌듯합니다. 이제는 2017년도 Plan을 위해 달려나가도록 하겠습니다. 그 때는 아직 업계를 잘 몰라 미래 직군을 잘 정하지 못하였지만 지금은 PM쪽이나 SNS마케터 직군에서 종사해보고 싶습니다.

막연한 스펙 쌓기 보다는 도전해 본 학생들의 메일을 받고 작은 희망을 느낄 수 있었다. 이 책의 방법으로 70여명의 학생 중 상당수에게 도전을 시작했다는 메일을 받았다.

> 지난 겨울, 수업을 듣고 달라진 마음가짐으로 한 회사의 인사팀에 지원하게 되었고, 학생 인턴 신분이지만 일을 시작하게 되었다고 감사 메일을 보낸 적이 있습니다. 혹시 기억 하시나요? :)
> 어느덧 겨울이 다 지나고, 봄이 되었습니다. 그리고 2월 말 계약 종료였던

저는, 아직 그 회사에서 일을 하고 있습니다.
복사를 하더라도, 이 회사에서 가장 복사를 잘하는 사람이 되어야겠다는 마음가짐으로 일을 해보라고 하셨던 강사님 말씀이 아직 또렷하게 기억에 남습니다. 그리고 그 마음으로, 정말 무슨 일이든 불평하지 않고 열심히 최선을 다했던 것 같습니다. 그 열정이 저를 아직까지 이 회사에 남게 해주었다는 생각이 듭니다. 인턴에게 보다 많은 권한을 부여해주고, 다독여주는 팀원들 덕분에 정말 많은 것을 경험하고 배우고 있습니다.
비록 인턴의 신분이고, 6월이면 이 회사를 떠나게 되겠지만 6개월 간의 이 소중한 경험은 강사님을 만나지 못했다면 오지 않았을 행운이라고 생각합니다.

이렇게 연락을 드린 이유는 교수님께 감사하다는 말씀을 드리고 싶어서입니다. 저번 현장실습 강의를 들은 뒤 제게 가장 인상 깊게 남았던 내용은 여러 가지 많은 정보들 중에서도 교수님의 한 마디였습니다.
'어설프게 스펙으로 승부하기 보다는 경험을 쌓으세요'
정확히 한 글자 한 글자 기억나지는 않지만, 이런 뜻의 말씀이셨습니다. 저는 평소에도 '백문이 불여일견'이라는 어구를 생활신조로 삼아 여러 가지 보고 듣고 경험할 수 있는 활동들을 해왔습니다. 이번 2016년 상반기

> 에도 여러 고민을 한 뒤 교수님께서 강조하셨던 인턴 경험을 얻고자 최선을 다했습니다. 그 결과 SK의 CSR 분야인 (재)행복나눔재단의 내 학생 자원봉사 팀 SK SUNNY팀에서 6개월간의 인턴 기회를 얻게 되었습니다. 비록 6개월이라는 짧은 시간이지만, 모든 일에 최선을 다하자는 마음가짐으로 열심히 배우고 있습니다.
> 아직은 대학생의 입장에 있는 제가 우리 나라의 대기업 중 하나인 SK의 사회공헌분야에 대한 소중한 경험을 할 수 있게 된 계기가 되어주신 교수님께 다시 한 번 감사의 말씀 드립니다.

대한민국의 성장이 정체되기 시작한 2014년 이후 채용시장은 꽁꽁 얼어붙었다고 표현할 정도로 좋지 않다. 특히 신입 채용시장은 더 안 좋은 것이 현실이며, 고령화, 로봇화, 저성장 기조 등으로 당분간 긍정적인 변화를 기대하기도 어렵다.

최근 좁은 취업문을 뚫는데 도움을 주고자 다양한 취업서적들이 출시되고 있다. 하지만, 학창시절 학원과 과외교습에 익숙한 취업준비생(이하, 취준생)에게 부응하려는 듯 성공사례 중심의 자기소개서 (이하, 자소서)예문 제공에 치중하고 있다. 이런 예문 중심의 접근법은 천편일률적인 자소서를 양산하게 되고 도리어 취준생 각자의 개성을 살리기 어렵게 만들어 취업에 도움을 주지 못하는 경우도 많다.

　이 책을 쓴 필자들은 채용실무담당부터 조직의 인사 총괄 직책자를 지낸 경력을 가지고 있으며, 현재 자기계발, 커리어전문가 및 NCS컨설턴트로도 활동을 하고 있다. 오랜 시간 동안 수많은 분들의 경력개발을 도와온 입장에서, 당장 눈앞의 취업만을 목표로 준비하였다가 입사한 경우, 회사 생활에서 더 큰 어려움을 맞게 될 것을 알기에 조심스런 마음으로 이 책을 준비하게 되었다.

　이 책은 기존 취업지도서와 달리, 좀 더 근본적인 고민을 담으려고 노력했다. 장기적인 안목과 현실적이고, 세부적인 정보와 Tip을 담고 있다. 실제 취업현장과 채용담당자의 관점을 리얼하게 느낄 수 있도록 하여 생각의 전환을 도모하고, 바로 활용할 수 있는 Tip을 제공하여 취업성공에 도움을 주려고 노력했다.

　직무선택 및 미션/비전수립, 기업선택, 성공사례목록, 역량매칭, 자소서 작성까지 일련의 활동을 보다 체계적으로 수행할 수 있는 양식과 활용방법을 넣어, 순서대로만 하면 편리하게 자소서를 비롯한 취업준비를 할 수 있도록 구성하였다. 특히 인생성장계획서 양식은 다른 곳에서 볼 수 없는 독창적인 구조로 쉽게 미션/비전을 수립하는데 도움을 줄 것이다.

여러분이 취업에 성공하려면 자소서 및 면접에 대해 철저히 준비해야 한다는 것을 누구보다 잘 알고 있을 것이다. 그러나 오랜 시간 커리어 코칭을 해 온 경험에 비추어 보면 기존에 써 놓았던 내용을 그대로 가져오거나 똑같이 교육받은 방법으로 바꾸기 어려운 것이 바로 자소서 및 면접방법이다. 관점의 전환이 있어야 내용이 바뀌는데 그것이 쉽지 않기 때문이다. 그래서 이 책은 관점을 바꾸는데 많은 도움을 주려고 한다.

7일 만에 없던 스펙이 생기는 것은 결코 아니겠지만, 이 책을 읽는 7일은 취업을 위해 그 동안 준비했던 여러 가지 노력과 생각을 정리하는 기간이자, 인생에 대하여 고민하는 시간이 될 수 있도록 구성하였다.

여러분 개개인은 이미 충분한 역량을 보유하고 있다. 단지, 현실은 그 역량이 제대로 발휘될 자리가 부족할 뿐이다. 어려운 현실이지만, 이 책을 통해 여러분 각자가 원하는 일을 얻는데 도움이 되길 진심으로 기원한다.

이윤석, 정기준, 박희수.

차례

6   프롤로그

Day 1 취업전 마인드셋과 필승 취업전략

- 17   최저의 마지노선이 되는 회사와 직무를 선택하고 버텨라
- 20   나의 목표는 입사가 아니다
- 23   생존을 위해 상품-브랜드-네트워크를 고민하라
- 25   인턴으로 살아 남기
  스펙만 보던 인턴, 목숨 건 인턴
  인턴으로 살아 남는 핵심 방법
- 28   자격증 보다는 체험이 더 좋은 스펙이다
- 32   쫄지 마라! 차이나 봤자, 오십보 백보다!
- 35   뭘 할지 결정하지 않으면 전략도 없다
- 37   취업이 잘되는 사람들은 무엇이 다를까?
- 40   암기보다 문제해결능력이 중요하다
- 42   취업정보 수집 및 분석, 이렇게 하라
- 44   발을 너무 걸치지 말고 구심점 있게 기술하고 준비하라
- 45   취업 성공, 시간에서 결판난다

직무결정하기 Day 2

- 51　취업을 위한 직무 알기 – 회사에는 몇 가지 일이 있을까?
- 55　세부 직무내용은 사람을 만나 물어라
- 58　자신만의 직무기술서를 만들어라
- 60　국가직무능력표준(NCS)을 중심으로 다양한 사이트를 활용하라
  - 국가직무능력표준(NCS) 사이트
  - 한국고용정보원 직업동영상
  - CJ그룹 Job Preview9
  - 네이버 채용사이트
  - 넥슨 채용사이트
- 64　조직의 30개 핵심직무 유형
- 74　가치가 있는 일인지, 그 가치에 만족하는지 미리 고민하라
- 76　명상, 산책, 여행을 활용하여 머릿속이 시원할 때 선택하라
- 83　자기사명서(Mission Statement)를 반드시 글로 남겨라

기업(업종) 결정하기 Day 3

- 91　30대 대기업 찾아보기
- 93　30대 기업 인재상 참고하기
- 112　거대한 산업의 흐름에 올라타라
- 116　기업정보수집 비법 – 전자공시시스템을 활용하라
- 119　간단한 기업 재무분석 방법
- 124　기업선택의 핵심 기준 종합

Day 4 자기분석 및 매칭하기

131 　일관된 스토리와 STAR 성공사례목록

135 　NCS의 직업기초능력을 참조하여 학습하라

140 　역량 매칭표를 만들어라

144 　정보의 홍수에서 자기 중심 잡기

Day 5 자소서 길라잡이

149 　취업 공포를 극복한 리얼한 상상

152 　효과적인 지원동기 쓰는 법

155 　인사담당자들이 선호하는 글쓰기 방법

162 　입사지원서 사진, 어떻게 찍을 것인가?

165 　샘플로 제시된 문장을 따라서 쓰지 말고 투박해도 본인의 글을 써라

167 　1개월 정도의 시간을 두고 다듬고 또 다듬어라

171 　이력서 100통을 쓸 각오로 임하되 회사마다 내용을 바꾸라

174 　자기소개서 셀프 점검 기준

177 　성공사례목록을 활용한 자기소개서 변화 사례

나만의 무기 장착하기 Day 6

- 193　30대 기업 자소서 문항 분석
　　　기본 문항 분석 (성장과정/지원동기/입사 후 포부/성격 및 가치관/보유 능력 및 기술)
　　　30대 기업 주요 문항 분석
- 234　1주일에 2권 읽는 독서 비법
- 237　필승면접 비법 01　'이 따위 회사!' 라고 생각하라
- 239　필승면접 비법 02　개념만 통해도 합격이 가까워 진다
- 242　필승면접 비법 03　면접에 성공하려면 눈빛과 목소리를 다듬어라
- 245　필승면접 비법 04　베끼려고 하지 말고, 원리를 깊게 생각하는 습관을 가져라

직접 작성해 보기 Day 7

- 249　STAR 목록 작성 양식
- 250　인생성장계획 작성 양식
- 251　희망직무 직무기술서 작성 양식
- 252　표준 자기소개서 내용 구성 양식
- 254　역량매칭표 작성 양식
- 255　면접이 끝났다고 정말 끝났을까?
- 257　합격통보와 불합격통보
- 262　회사생활을 버틸 강인한 체력을 만들자
- 264　입사첫날의 이미지가 이후 회사생활을 좌우한다

- 267　에필로그

Day 1

1
2
3
4
5
6
7

Day 1
취업전 마인드셋과 필승 취업전략

> **최저의 마지노선이 되는
> 회사와 직무를 선택하고 버텨라**

2015년 취업 시장은 정말 어려웠다. 취업준비생들은 취업의 어려움을 뼈저리게 느꼈을 것이다. 세계경제가 어려워지고 미국, 중국, 일본과의 치열한 경쟁 사이에서 우리의 경제는 점점 어려워져만 가고 있다. 취업의 문은 점점 좁아지고 이 현상은 금방 끝나지 않을 것이다. 스펙! 우리를 근 10여년 이상 괴롭히던 단어이다. 엄청난 돈을 들여서 어학연수, 자격증, 공모전 등의 스펙을 쌓아 왔는데 문제는 얼마 전부터는 이 스펙으로도 취업이 안 된다는 것이다. 왜냐하면 기업들이 여유가 없으니 교육비가 많이 들어가는 신입채용을 줄이고, 꼭 필요한 직무에 한해서 경력채용을 늘리고 있기 때문이다.

얼마 전 한 학교에 취업전략 강의도 하고 모의면접도 하러 갔다가 눈물이 났다. 2000년대 초반이라면 무조건 취업이 될 학생들이 취업이 안되고 있었기 때문이다. 미래학자 최윤식 교수님은 이런 현상을 '넛크래커'라고 부른다. 스펙으로는 브랜드가 좋은 학교 출신에게 밀리고, 전문기술에서는 스펙 안 따지고 계속 한 구멍 판 사람보다도 밀리는 현상 말이다.

그러면 왜 스펙이 적절히 좋은 사람들이 취업이 안 되는 것일까? 면접을 보다가 느낀 것인데 이런 사람들은 직업선택을 미루고 큰 조직이 자신의 직무를 선택해 줄 것이라고 생각하는 일이 많다. 어떤 직업을 가질지, 어떤 직무를 할지 전혀 선택하지 않고 판단을 미룬 것이다. 그러다 보니 자기소개서나 전체적인 스토리가 미리 선택한 사람들에 비해서 많이 부족하게 되는 것이다.

이제 취업시장은 2종류의 사람만이 살아남을 것 같다.

---

1. 아주 일찍 직업을 정하고 한 방향으로 실전 경험을 많이 쌓은 사람
2. 학교나 스펙이 최상급의 사람

그러면 대부분을 차지하는 중간에 끼인 사람은 길이 없는 것인가? 분명히 있다. 하지만 자신의 고정관념과 아쉬움을 과감히 날려야 길이

열릴 수 있다. 우선 큰 회사를 노리자. 그건 누구나 당연한 것이다. 그런데 혹시 그 회사가 안 되면 내가 바로 일을 시작할 최저 마지노선의 회사와 직무가 무엇인지 결정해야 한다. 나의 능력만 볼 것이 아니라 시장의 판을 같이 보아야 생존할 수 있다.

인생은 길다. 이제 100세를 산다고 한다. 시간이 늘어났으니 너무 걱정은 하지 마라. 얼마든지 다시 좋은 회사에 취직한 친구들에 대해 역전의 기회를 잡을 수 있다. 그런데 이 기회를 잡으려면 우선 시작해야 한다. 시간이 역전을 위한 가장 큰 자원이다.

오랫동안 IT분야에 근무하면서 이상한 현상을 여러 가지 보았는데 그 중 하나는 실제 회사 내에서는 다양한 스펙의 사람들이 근무한다는 것이다. 고졸부터 일명 SKY까지… 국내파에서 해외파까지… 그런데 신기한 것은 고졸에 중간에 2년을 놀았고, 앞선 두 번의 회사가 모두 망했는데 메이저 회사에서 근무를 하고 있는 사람들이 있다는 것이다. 그렇게 들어오기 힘들다는 회사에 전혀 스펙이 아닌 기술만으로 자리를 얻는 경우가 이미 많다. 이 사람이 기회를 얻은 이유는 간단하다. 좋아하는 일을 선택해서 작은 곳에서부터 버틴 것이다. 그러자 역량이 생기고 인맥이 생기고, 그 인맥으로 추천을 받아 일하게 된 것이다.

이런 경우를 볼 때 직업을 선택하고 처절하게 버틴다는 것은 어찌 보면 21세기에 가장 중요한 성공요인이 아닐까 싶다. 이미 눈앞에 다가온 정보화, 로봇사회에서는 스펙보다는 직접 부가가치를 만들 수 있는 사람들이 큰 기회를 얻게 될 것이다. 미래학자들은 앞으로 아시아와 우리나라가 큰 위기를 겪게 될 수 있다고 한다. 하지만 15년 뒤에는 세계를 다시 주름 잡을 수 있다고 말한다. 그 사이 우리가 할 일은 각자의 분야에서 처절하게 버티는 것이다. 어려운 시간이 흐른 뒤 세상은 스펙보다는 실제 가치를 만드는 능력이 좋은 사람들 위주로 재편이 되어 있을 것이다.

나의 목표는 입사가 아니다.

최근 면접전형을 실시했던 공기업에서 필자가 면접위원으로서 겪은 일이다. 참고로, 공기업은 일반적으로 공정성을 확보하기 위해서 사내 면접위원과 사외 면접위원을 동일 비율로 구성하여 면접전형을 진행한다.

취업난이 극심한 가운데 국가기간사업을 책임지는 공기업의 채용이라서 그런지 입사지원자의 경쟁률이 100:1을 넘었다고 한다. 면접에 참석한 지원자들은 이미 서류전형과 필기전형을 통과하는 과정에서 30:1 이상의 경쟁률을 뚫고 들어왔기 때문에 어느 정도의 자질을 검증받은 이후였다.

면접전형은 사전에 주어진 문제에 대해 지원자가 각자 아이디어를 내서 기획서를 작성한 후, 이를 면접위원 앞에서 발표하고 질의응답을 받는 순서로 진행되었다. 문제는 입사 이후 근무 현장에서 닥칠 수 있는 상황에서 어떻게 대처할 것인지를 묻는 문제였다. 당연히 직장 경험이 없는 신입 지원자에게는 입사 이후에 닥칠 상황이 막연하기 때문에 본인의 학내활동, 아르바이트, 봉사 활동 및 인턴 등의 경험 또는 경력과 지식을 기반으로 아이디어를 내야 했다.

지원자중 면접 결과가 비슷한 두 사람을 비교하는 과정에서 면접위원들끼리 의견을 주고 받았던 내용이다.

한 지원자는 마치 그 공기업의 경력사원인 듯 사내 정책을 기본으로 기획서를 작성하였고, 다른 지원자는 학창 시절 봉사 활동의 경험을 반영하여 기획서를 작성하였다. 사내 면접위원들은 당연히 사내 정책을 잘 알기 때문에 기획서 내용에 대해 쉽게 이해하였고, 지원자가 얼마나 입사 준비를 많이 했는지에 대해 후한 점수를 주려고 하였다. 이 때, 사외 면접위원이 "사전에 입사하려는 기업에 대해 공부한 것은 좋으나, 사내 정책의 수립 이유 등을 고민하기 보다 단순히 정책에 따라 기획을 한 것으로 보인다. 이는 본인의 경험과는 거리가 좀 있는 것 같다."라며 재고할 것을 요청하였다. 그러자 내부 면접위원 중에서도 "취업을 목표로 사전에 그 회사에 대해 공부를 많이 한 경우, 정말 그 회사에 대해 관심을 갖고 공부한 것이 아니라 취업을 위해 암기식으로 공부한 것이라면 오히려 입사 이후에는 기대한 것보다 성과가 낮은 경우가 종종 있었다."라는 얘기를 하였다.

일반적으로, 누구나 목표가 주어지면 이를 달성하기 위하여 열심히 노력하게 된다. 그러나, 그럴수록 목표를 달성한 이후에 새로운 목표가 주어지지 않으면, 나태해지거나 자만감에 빠지는 등 이전과는 다른 모습을 보이곤 한다.

기업에 입사하는 것은 금전적 이유, 자아실현 등 내 인생을 풍요롭고 행복하게 하기 위한 방편이 되어야 함에도 불구하고, 취업을 준비하는 단계에서는 입사가 너무나 절실하다 보니 종종 이를 잊곤 한다. 한 마디로 근시안적인 목표만을 추종하게 되는 것이다.

그러다 보니, 취업하면 세상이 다 내 것이 될 것 같고, 출근만 하면 회사 일은 다 자동으로 될 것이라는 착각을 가지기도 하는 것 같다. 그러나, 현실에서 입사는 일의 시작이고, 일과 회사 생활을 통해서 나와 회사의 발전을 도모해야 하기 때문에 정말 열심히 일해야 한다. 그러니, 적성에 맞지도 않고, 내 인생 목표나 가치관과 다른 직장생활을 한다면 제대로 될 리가 있을까?

그런 측면에서 목표가 근시안적으로 취업에만 있는 지원자라면 회사에서는 채용하고 싶지 않을 것이다. 오히려, 그 회사에 대한 정보 수집이 좀 부족하더라도 가치관이 잘 맞고, 신선한 아이디어와 경험을 가진 지원자를 선호할 것이다. 왜냐하면, 회사에 대한 정보나 업무 매뉴얼은 금방 가르칠 수 있지만, 가치관과 아이디어, 경험은 쉽게 가르칠 수 없기 때문이다. 그리고 정말 중요한 것은 그 회사에서 즐겁게 일을 할 준비가 되어 있어야 한다. 그래야만 회사와 개인 모두에게 발전이 있을 테니까.

생존을 위해 상품-브랜드-네트워크를 고민하라

요즘 40대 대기업 부장님들과 자주 대화를 나눈다. 필자가 오랫동안 인사분야 근무를 해 왔기 때문에 경력과 관련하여 상담을 많이 요청 받는다. 많은 분들이 불확실한 미래 때문에 걱정이 되는 것 같았다. 보통 아래와 같이 대화가 흘러간다.

"나 요즘 무척 힘들다!"
"형님! 무슨 일 있으세요."
"회사에서 좀 힘든데 내 경력상담 좀 해 주라."
"그럼 형님 3가지만 질문을 드리겠습니다."
"형님! 회사 그만두시고 만들어 팔 상품이나 서비스 혹시 있으십니까?"
"음… 없지."
"그럼 후배들 모아서 만들어 팔 상품이나 서비스 혹시 있으십니까?"
"음… 없지."
"그럼 형님! 중소기업에 가시면 연봉이 낮아질 수 있으니 경영진으로 가야 하는데 형님 불러줄 경영진 네트워크 있으십니까?"
"음… 없지."
"그럼 마지막으로 형님! 업계에서 유명하십니까?"
"음…"

이렇게 대화가 끝나고 나면 대부분 스스로 느끼신다. 그 뒤에 현재 조직에서 최선을 다하시면서 5년 정도 준비를 하셔야 한다고 의견을 드린다. 앞으로 평균수명이 100세에 진입을 한다고 한다. 50대에 은퇴하고도 다시 50년을 살아가야 한다는 것을 의미한다.

오랫동안 취업시장에서 생존하려면 조직 내에 있든 스스로 사업을 하든지 아래의 3가지는 반드시 고민을 해야 한다. 이 세가지는 사업이나 부가가치를 만들기 위해서 필수적으로 갖출 요소이다.

1. 차별화된 상품 : 자신만의 차별화된 능력, 콘텐츠, 상품, 서비스 등
2. 브랜드 : 주변의 신뢰도, 업계의 평판 등
3. 네트워크 : 조건 없이 당신이라는 것만으로도 도움을 줄 수 있는 사람들

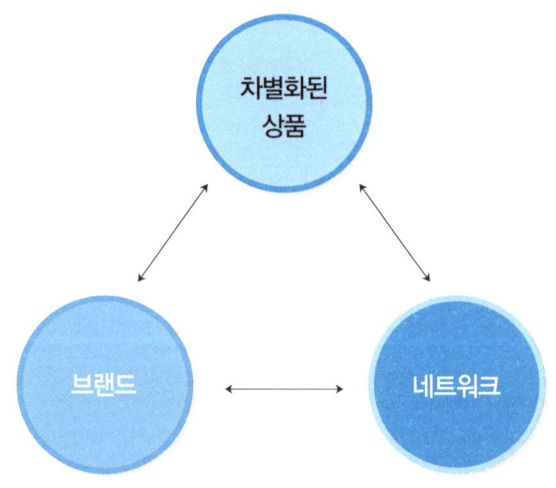

〈그림 1〉 사업이나 부가가치를 위한 필수 요소 3가지

차별화된 상품이 있다면 2,3의 중요도가 낮아지는데 그건 시간이 가면 2,3이 만들어지기 때문이다. 그런데 차별화된 상품이 없다면 2,3의 비중도 높아진다. 왜냐하면 상품차별성이 없는 레드오션에 뛰어 들어야 하기 때문이다. 레드오션에서는 약간의 차이가 결과의 차이를 만들기 때문에 2,3의 중요성이 높아질 수 밖에 없다.

세계화, 정보화, 기술화 등의 변화로 30년을 버티는 기업이 많지 않다고 한다. 새로 취업시장에 진입하는 사람이나 이미 꽤 오랫동안 경력을 쌓은 사람이나 스스로를 1인기업이라고 생각하고 위의 3가지 요소를 항상 마음속에 품고 있어야 한다. 어느 날 보호받지 못하고 스스로 길을 개척해야 하는 시점이 누구에게나 온다. 이럴 때 이 3가지 요소가 여러분의 가장 중요한 무기가 될 것이다.

인턴으로 살아 남기

많은 학생들이 인턴을 통해서 스펙을 쌓으려고 노력을 하고 있지만, 대부분 자소서에 한 줄 더 넣기 위한 경우가 많다. 그러다 보니 단순 업무 밖에 경험하지 못하는 모호한 수준의 인턴을 할 때가 많다. 그런데 한가지 놓치는 것이 바로 인턴을 통해서 바로 취업을 할 수도 있고, 좋은 인맥을 쌓을 수도 있다는 것이다. 인턴으로 취업 시장에 바로 진입하는 비법을 한번 정리해 본다.

• **스펙만 보던 인턴, 목숨 건 인턴**

　대부분의 회사가 인턴을 뽑을 때 정규직 전환은 없다고 못을 박는다. 왜냐하면 나중에 책임지기 싫기 때문이다. 그런데 실제 조직에서는 인턴에서 정규직 전환이 많이 일어난다. 열심히 일하고 팀에 도움이 되는 인턴은 각 팀에서 이력서/자기소개서까지 점검해 주고 면접연습까지 시킨다.

　대부분의 학생들은 거대한 대기업 입사를 위해서 2달짜리 방학인턴을 적당히 열심히 한다. 그러다 보니까 회사에서도 서류 정리, 복사 등의 단순 업무 밖에 주지 않는다.

　예전에 실제 있었던 일인데 필자가 담당하던 조직에 인턴이 한 명 들어 왔다. 일을 잘 한다는 이야기를 팀장에게 들어서 그럼 정규직 제안을 해 보라고 했더니 그 친구가 자기는 갈 곳이 있다고 거절을 했다. 그런데 6개월 뒤에 들려온 소문은 그 친구가 취업이 안되서 고생을 하고 있고 혹시 우리 쪽에도 기회가 있나 알아 보고 싶은데 미안해서 말을 못한다는 것이다. 취업시장을 너무 쉽게 본 것이다.

　그 다음에 뽑은 인턴 2명은 정말 열정과 노력이 대단했다. 기존 조직구성원들 사이에 녹아 들면서 아주 열심히 노력을 하는 모습에 둘 다 정규직 전환 제안을 했고 둘이 흔쾌히 수락을 해서 그 둘은 남들보다 6개월에서 1년 빠르게 직업을 구할 수 있었다. 여성 인턴 한 명은 지금 28세인데 경력이 5년, 한 상장기업의 인사팀장 역할을 맡고 있고, 또 다른 남성 인턴 한 명은 31세인데 경력이 6년이고 세계적인 IT 기업에서 근무를 하고 있다. 연봉도 일반 대기업 출신들 보다 높다.

이 두 사람의 공통점은 성장하고 있는 좋은 회사에서 제안이 들어왔을 때, 빨리 선택을 해서 남들보다 1~2년 빠르게 일을 시작했고, 그로 인해서 동급 최강의 기회와 보상을 받을 수 있었다는 점이다.

• **인턴으로 살아 남는 핵심 방법**

그럼 인턴으로 살아남는 핵심적인 방법을 그 동안의 경험을 바탕으로 설명해 본다.

·· 2개월 인턴보다는 6개월 인턴을 하라

많은 학생들이 대기업 자기소개서에 넣기 위해서 2개월 방학 인턴을 선호한다. 6개월짜리 인턴은 기간이 길어서 학생들이 많이 선호하지 않는다. 따라서 경쟁률이 낮다. 자신의 스펙이 좀 부족하다면 6개월 인턴을 통해서 기회를 얻은 후에 최선을 다해서 좋은 평가를 받아라.

·· 가장 일찍 왔다가 가장 늦게 가라

인턴 기간 동안 많은 인턴들이 머리에 인턴이라 쓰고 다닌다. 시킨 것만 하려는 것이다. 정말 인생에서 몇 안 되는 기회라고 생각하고 일찍 와서 하루 계획도 세워 보고, 일 끝나고 가라고 해도 남아서 그날 경험들 노트에 정리하는 시간을 가져라. 이렇게 하다 보면 부서의 선배들이 마음을 열고 다가오기 시작할 것이다. 그러면서 좀 더 괜찮은 업무를 받고 대화가 깊어지게 된다.

·· 물어 볼 수 있는 좋은 선배들을 많이 만들어라

　맡겨진 일을 하나 하나 세심하게 노력하다 보면 선배들이 밥도 사 주고, 회식도 시켜 줄 것이다. 조직에 남을 수 있든 남지 못하든지 상관없다. 좋은 선배들로 만들어라. 그러면 취업에 대한 다양한 조언도 해 줄 것이고, 하고 싶은 직무를 하고 있는 선배를 연결해 주기도 할 것이다. 회사 내에는 여러분이 하고자 하는 유사한 직무가 반드시 있다. 인턴 끝나면 땡이 아닌 인생의 중요한 멘토라고 생각하고 관계를 만들어라. 그럼 다른 회사에 기회가 있을 때 소개를 해 줄 때도 있다.

·· 성장하고 있고 젊은 기업에서 인턴을 하라

　스펙으로야 큰 조직의 인턴이 좋지만 정규직 전환 기회를 얻기 위해서는 젊고 성장하고 있는 기업에서 인턴을 하는 것이 좋다. 회사의 프로세스나 방침이 아직 유연하기 때문에 좋은 인재라는 느낌만 주면 기회가 찾아올 확률이 높다. 인턴이 되었든, 다른 경로가 되었든지 취업의 경로는 다양함을 꼭 기억하라.

자격증 보다는 체험이 더 좋은 스펙이다

　취업의 첫 관문은 바로 서류전형이다. 이것이 통과되어야 다른 것들이 가능하다. 서류전형을 통과해야 면접도 볼 수 있는 것이기 때문이다.

학생들의 근원적인 착각은 인사담당자나 현업담당자가 자기소개서를 읽지 않고 스펙별로 가중치를 붙여서 기계로 사람을 추린다고 생각하는 것이다. 필자가 오랜기간 대기업 및 중견기업 등에서 근무하면서 기계로 사람을 걸러낸 적은 한번도 없다. 함수로 사람을 걸러 내는 회사는 전체 회사에서 2% 가 되지 않는다.

또한 학점 3.3과 3.5가 큰 변별력이 있겠는가? 큰 차이가 없다. 토익 880점과 900점이 큰 차이가 있겠는가? 큰 차이가 없다. 이력서 앞장의 내용은 변별력이 별로 없다. 결국 자기소개서에서 얼마나 열심히 살았는지가 드러나야 한다.

그런데 대부분의 자기소개서에는 별 사례가 들어 있지 않다. 동아리 행사 성공시킨 이야기 밖에 없다.

결국 이 모든 것이 또한 직무 선택과 연결이 된다. 직무선택이 빨랐던 학생들은 대학교 4년 내내 이와 관련 된 활동을 찾고, 경험하는데 에너지를 쏟는다. 그러한 활동이 작더라도 계속 쌓이다 보면, 회사에서 원하는 직무와 직무역량과 연결 시켜 풀어낼 이야기 거리, 즉 스토리가 많아진다. 그러나, 아무 생각 없이 몇 년을 허비하다, 갑자기 스펙만 준비하려는 학생들은 이야기 거리가 당연히 없다. 그러니, 남의 것을 베끼거나, 비슷한 이야기로 풀어낸다. 서류전형을 어찌 어찌 통과해도 면접 때 할 말이 별로 없다. 결국 마무리가 안 되는 것이다.

취업을 희망하는 사람들의 이력서를 보면, 저마다 다양한 경험들을 적어놓고 있다. 어떤 경우는 거의 준경력자 수준의 경험을 쌓은 사람도 있다. 사실 어설픈 자격증보다는 이러한 경험들이 취업에는 훨씬 도움이 된다. 하지만 문제는 자신의 경험을 지원분야와 제대로 연계시키는 것을 못한다는 것이다. 예를 들면 이런 식이다.

"저는 어디 어디에서 이런 저런 아르바이트를 했으며, 그 일을 통해 사회와 일에 대한 소중함을 느꼈습니다."

그래서 어쩌란 말인가?

최소한 이력서에 적어 넣을 경험이라면 방향성, 즉 지원분야와 직접적인 연관성이 있어야 한다. 예를 들어 지원분야가 '소프트웨어 개발'인데 일반적인 아르바이트 경험을 적어 넣는다면 무슨 소용이 있겠는가? 적어도 가산점을 기대하려면 특정 프로그램 또는 시스템 개발에 참여한 경험 정도는 되어야 한다.

그럼 한가지 예를 들어 보자. 개발자 면접을 하는데 대부분의 학생들은 수업시간에 했던 과제 이야기를 한다. 그런데 한 학생이 본인은 방학 때 실제 OO를 개발해서 구글스토어에 올렸다고 경험을 이야기하였다. 필자가 면접과정을 지켜 보니 상당수의 면접관인 팀장, 실장들이 스마트폰을 열고 구글스토어를 검색하는 것을 보았다. 누가 이길까? 말을 안 해도 너무 자명하다. 사실 자격증은 지원자가 해당 분야에 대한 객관적인 지식을 갖추고 있다는 사실만을 입증할 뿐, 실무능력이 있음을 대변하는 것은 아니다. 게다가 희소성이 떨어진 자격증은 별 도움이 되지 않는다. 워드프로세서, 컴퓨터활용능력 등의 자격증이 그 예이다. 요즘 세상에 워드, 파워포인트, 엑셀 정도 다루지 못하는 사람이 어디 있겠는가?

사법연수원 졸업생들도 갈 곳이 없다는 요즘 같은 현실에 웬만한 자격증은 명함도 내밀 수 없는 것이 사실이다. 자격증은 실무능력을 충분히 갖추고 있을 때 비로소 그 효과를 발휘한다. 따라서 취업을 위해서 자격증을 따려면 취득이 상당히 어려운 자격증 1~2개와 그와 관련된 경험을 겸비하는 것이 가장 바람직하다. 아르바이트 등을 통해 관련 분야의 분위기, 느낌, 운영체제, 용어 등을 직접적으로 경험할 경우 면접 시 상당한 도움이 된다. 면접관들이 질문을 할 때에는 대부분 원하는 답을 가지고 있다. 이때 경험을 통해서 얻은 답을 전문용어까지 곁들여 이야기한다면 충분히 면접관들의 관심을 끌 수 있다. 조금 성격이 다르기는 하지만, 필자 역시 군대에서 2년 반 동안 인사장교를 수행한 경험이 인사분야로 진출하는 데 큰 도움이 되었다. 이처럼 아르바이트를 하든 뭘 하든 상관없이, 목적을 돈이 아닌 지원분야의 경험을 쌓는 것으로 맞추는 것이 중요하다. 여러분이 정말 운이 좋다면 아르바이트를 통해 더 좋은 기회를 얻을 수도 있다. 실제로 아르바이트나 인턴으로 프로그램 개발에 참여했다가 정직원이 되는 경우도 심심찮게 발생한다. 꼭 이 경우가 아니더라도 공기업에서 아르바이트를 하다가 시험을 봐서 정직원이 되는 경우도 있고, 아르바이트로 학원강사를 하다가 전문강사가 되는 경우도 있다. 이러한 기회는 언제나 열려있다. 다만, 아직 우리가 그 기회들을 제대로 활용하지 못할 뿐이다.

이런 체험들을 일관되게 쌓아 올리려면 직무선택을 통한 방향성을 빨리 확보하는 것이 무엇보다도 중요하다. 체험에 대해서 핵심적인 사항은 아래와 같다.

1. 컴퓨터 활용능력 같은 자격증을 넣으라는 공기업이 아니고서는 취득이 어렵지 않은 자격증은 큰 도움이 되지 않는다. 체험과 경험이 더 중요하다.
2. 경험을 자신의 선택직무에 일관되게 연결시키면 관심을 유도할 수 있는 좋은 스토리를 가진 자기소개서를 만들 수 있다.
3. 체험을 갖추면 면접 때 말의 힘이 생긴다. 체험이 받쳐 주는 말의 힘이 결국 취업을 성공으로 이끈다.
4. 대학교 저학년이라면 무조건 다양한 것을 체험하라고 하고 싶다. 집과 학교만 왔다 갔다 하면 아무리 학점이 좋아도 취업 때 좋은 평가가 어렵다.

쫄지 마라! 차이나 봤자, 오십보 백보다!

가끔 구직자들과 면담을 하다 보면 공통적으로 느끼는 것이 하나 있다. 취업을 꼭 대학입시처럼 생각한다는 사실이다. 무려 12년 동안 시험과 씨름해 왔으니 그런 생각을 하는 것도 무리는 아니지만, 문제는 이러한 편견이 취업준비에도 영향을 미친다는 것이다. 예를 들어 학생들에게 취업에 대해 궁금한 것을 물어보라고 하면 대부분 이런 질문들을 던지곤 한다.

"취업하려면 토익이 몇 점이나 되어야 하나요?"

"이 정도 학점이면 취업하는 데 문제가 없을까요?"

"취업에 도움이 되는 자격증은 어떤 건가요?"

그리고 자신이 이러한 객관적인 기준에 미달된다고 생각하면, 아예 취업을 포기해 버리거나 도서관에서 토익점수 올리기에 몰두 한다. 그러나 실제 취업현장에서는 객관적인 자격이 부족한 사람이 취업이 되는 경우도 있고, 반대로 객관적인 자격이 우수함에도 불구하고 계속해서 낙방을 면치 못하는 경우도 수없이 많이 발생한다. 이러한 사실은 필자가 인사업무를 하며 실제로 겪은 일이니 믿어도 좋다. 물론, 객관적인 자격이 훌륭하면 상대적으로 취업에 유리하겠지만, 비록 그렇지 않더라도 얼마든지 이를 극복할 수 있는 방법이 있다. 여기에 여러분들이 꼭 명심해야 할 사실이 있다.

'소수 대기업들의 채용방식이 결코 전체 기업의 채용방식은 아니다!'

나의 친한 친구 중 한 명은 고시를 준비하다가 갑자기 대기업에 입사원서를 내게 되었다. 당시 그 친구는 영업직을 지원했는데, 자기소개서에 대학시절 그룹사운드에서 보컬과 기타를 맡았던 경험을 적어 넣었다고 한다. 그런데 마침 그 회사의 인사팀장은 대학가요제에 참가한 경험이 있던 사람이었다. 결국 그 친구는 인사팀장의 적극적인 추천을 받아 그 회사에 입사할 수 있었다고 한다. 또한 입사 후 열심히 노력한 덕분에 기획팀에서 핵심인재로 인정받으며 근무하고 있다. 음악과 취업! 뭔가 전혀 어울리지 않는 구석이 있지만, 아무튼 그 친구에게는 상당한 운으로 작용한 것이 사실이다. 또 한 친구는 10개의 게임을 정말 깊게 파서 만렙캐릭터가 5개가 넘어서 게임회사에 합격한 경우도 있었다.

　취업에는 정도(正道)가 없다. 사람은 결코 완벽한 신이 아니며, 또 단순히 점수로 평가할 수 있는 대상도 아니다. 잘하는 것이 있으면 반드시 못하는 것이 있기 마련이다. 우리가 천재라고 말하는 아인슈타인이라고 단점이 없었겠는가?

　마음이 조급해지면 판단이 흐려지고, 마음의 병이 생긴다. '취업우울증'이 생기는 것도 결국 이러한 이유 때문이다. 필자가 왜 여러분의 마음을 모르겠는가? 앞뒤 사방 팔방이 모조리 막혀 빠져 나올 구석을 찾을 수 없는 괴로움을….

　이럴 때 일수록 잘 하는 것에서 실마리를 찾아 보는 것이 중요하다. 몇 번 취업이 안 되다가 보면 자기소개서의 내용을 이리 저리 막 걸치는 방법으로 쓰게 될 때가 있다. 아주 뛰어난 10%의 사람들과 아무 준비가 안 된 10%의 사람을 제외한 나머지 80%의 사람들은 모두 비슷한 능력을 가지고 있다. 여러분은 바로 이 80%의 사람들과 경쟁하는 것이다. 차이가 나봐야 '오십보백보'이다. 결국 취업은 얼마나 자기 자신을 알고 있고, 자신이 진정으로 하고 싶은 일을 알고 있는지, 자신의 장점을 얼마나 부각시킬 수 있는지에 달려 있다.

뭘 할지 결정하지 않으면 전략도 없다

필자가 예전에 택시를 탔다가 창피를 당한 적이 있다. "어디로 모실까요?"라는 기사의 질문에 무심코 "방이동이요"라고 대답했는데, 바로 이런 핀잔이 돌아온 것이다.

"아니, 방이동이 다 손님 꺼요? 방이동이 얼마나 넓은데…. 구체적으로 말씀해 주셔야죠."

순간, 어찌나 부끄럽던지…. 하긴 목적지도 분명하게 말하지 않고, '나 좀 데려다 주세요'라고 했으니, 기사 입장에서도 참으로 황당했을 것이다.

취업상담을 하는 중에도 이와 같은 웃지 못할 상황이 곧잘 발생하곤 한다. 실제로 친한 후배나 학생들에게 "앞으로 무엇을 할 생각이냐?"고 물으면 대부분 "좋은 회사 들어가야죠"라는 대답이 돌아온다. 심지어 취업을 한두 달 앞둔 사람들의 대답도 별반 다르지 않다.

뭘 하기는 해야겠는데 마땅히 알고 있는 정보도 없고, 정작 하고 싶은 것을 하기에는 자신의 능력이 부족한 것 같아 두렵기만 하고…. 결국 '남들처럼 좋은 회사에 들어가자'라는 목표만 남는 것이다.

그렇다면 과연 그들이 말하는 소위 '좋은 회사'란 어떤 회사일까? '초봉이 높은 회사?' 아니면 '복리후생이 좋은 회사?' 하지만 이러한 기준들이 필자가 택시를 타서 '방이동이요'라고 했던 것과 무슨 차이가 있단 말인가?

이러한 사람들에게 비전이나 전략이 있을 리 없다. 구체적인 목적지가 있어야 버스를 타고 가든, 비행기를 타고 가든, 걸어가든 간에 찾아 갈 텐데, 아예 목적지 자체가 없으니 길을 잃고 헤매게 되는 것이다. 최소한 부산에 가겠다는 확고한 의지라도 있어야 시간이 얼마가 걸리든지 간에 오늘은 수원까지, 내일은 천안까지… 라는 식의 단계별 전략을 세울 수 있을 것 아닌가?

자소서를 작성할 때도 마찬가지다. 예를 들어 지원하는 업무를 위해 상당히 많은 사회적 경험을 했음을 밝힌 자소서와 막연히 '저는 아르바이트도 몇 번 해봤고, 어학연수도 갔다 왔으며, 만일 뽑아주신다면 열심히 하겠습니다'라고 작성한 자소서는 결과에서 큰 차이가 날 수밖에 없다.

'전략'이란 자신의 장점을 살리고, 단점을 보완하여 전쟁에서 승리하는 방법을 말한다. 그런데 싸움판과 싸울 상대도 모른다면 어떻게 전략을 세우고 승리를 기대할 수 있겠는가?

누구나 어릴 적에 '넌 커서 어떤 사람이 되고 싶으냐?'는 질문을 많이 받아 보았을 것이다. 그때마다 우리는 습관적으로 과학자, 대통령, 법관, 변호사 등 겉보기에 좋아 보이는 직업을 갖겠노라고 대답했었다. 막상 그 꿈을 이루기 위해서는 어떤 과정과 노력이 필요한지도 모른 채.

우스운 사실은, 많은 사람들이 '취업'이라는 당면한 현실 앞에서도 여전히 이러한 막연함에 의존하고 있다는 사실이다. 단지 지금은 '좋은 회사 다니는 회사원'이라는 소박한(?) 희망만이 남아있다는 차이가 있을 뿐이다. 그런데 이렇게 꿈이 막연하니 행동이 나올 리 없다. 도대체

'좋은 회사 다니는 회사원'이 되려면 무엇부터 해야 한단 말인가?

현재 대부분의 회사들은 실무능력을 갖춘 인재를 원하고 있다. 따라서 아르바이트 하나를 하더라도 이제는 자신이 원하는 업무와 연관이 있는지를 따져 보아야 한다. 비록 돈이 안 되더라도 원하는 분야의 경험을 쌓을 수 있는 일거리를 찾아야 하는 것이다.

무언가 원하는 것이 있다면 방향을 정하고 계속해서 그 이미지를 떠올려 보라. 반드시 현실로 이루어질 것이다. 물론, 그것은 매우 구체적이고 실현 가능한 비전이어야 한다. 나중에 죽이 되든, 놀림을 당하든 우선 뭘 할 지부터 정해보자. 비전을 세운다고 밤새워 A4 한 장을 가득 채울 필요도 없다. 단지 한 문단 아니 한 문장으로도 충분하다.

'나는 소프트웨어 개발자가 되겠다.'

'나는 재무 전문가가 되겠다.'

'나는 투자유치 전문가가 되겠다.'

이것으로 얼마든지 여러분의 전략에 대한 고민을 시작할 수 있다.

취업이 잘되는 사람들은 무엇이 다를까?

취업에도 '부익부 빈익빈' 현상이 있다. 즉, 어떤 사람은 여러 회사에 합격하여 입맛대로 골라가는데, 어떤 사람은 수십 군데에 이력서를 내도 면접 한 번 제대로 못 보는 경우도 있다.

과연 이 사람들의 차이는 무엇일까? 취업이 잘되는 사람들은 무엇이 다른 걸까? 객관적인 자격이 유사할 때 취업이 잘 되는 사람들은 보통 다음과 같은 특징을 보인다.

첫째, 이력서와 자기소개서를 최대한 성실하게 작성한다. 같은 내용의 서류를 여기 저기에 뿌리지 않으며, 각 회사의 특성에 맞춰 자신의 경험, 성격, 능력 등을 각기 다르게 표현한 서류를 작성한다. 이러한 노력으로 인사담당자에게 성실성과 논리력 그리고 회사에 입사하고 싶다는 의지를 쉽게 인정받을 수 있으므로, 당연히 서류전형 합격률이 높아지는 것이다.

둘째, 건강하고 힘이 넘쳐 보이는 인상을 가지고 있다. 미소 띤 얼굴, 자신감 있는 목소리, 힘있는 눈빛은 면접위원으로 하여금 호감을 갖게 만든다. 쉽게 말해 '저 사람 일을 참 열심히 잘 하게 생겼군'하는 마음이 들게 하는 것이다. 또한 이들의 얼굴에는 항상 열정이 넘친다.

셋째, 대화의 기술이 뛰어나다. 취직이 잘 되는 사람들은 면접위원의 질문의도를 명확히 판단하기 때문에, 대답이 장황하지 않고 핵심만을 정확히 짚어 이야기한다. 반면, 면접에 취약한 사람들은 대부분 논리력이 부족하거나, 대답이 장황한 경우가 많다. 소위 '대인관계가 약하다' 또는 '눈치가 없다'라는 이야기를 듣는 사람들이 주로 이러한 경향을 보이곤 한다. 자신이 생각했을 때 객관적인 측면이 우수한데도 면접에서 계속 떨어진다면, 혹시 이러한 면이 있는지 고민해 볼 필요가 있다. 또 하나는 자신의 이야기가 아닌 취업포털사이트 등에서 듣거나 본 이야기 등을 하는 경우 면접위원이 그 이야기에 공감을 못할 때 떨어질 때가 많다.

넷째, 시종일관 예의 있게 행동한다. 어떤 면접자들은 자신의 순서가 아니라고 대기장에서 신문을 본다든지, 휴대폰으로 큰 소리로 통화를 한다든지, 초봉이 얼마인지 물어 보기도 한다. 이러한 태도는 결코 바람직하지 않다. 취업이 잘 되는 사람들은 면접 대기장에서도 최대한 예의를 지키고, 또 합격전화를 받을 때에도 기쁨과 감사의 말을 잊지 않는다. 이러한 태도로 인해 뜻밖에 도움을 받을 수도 있다. 즉, 직접 면접을 보는 면접위원은 아니지만 채용실무를 보는 사람들의 눈에 띌 경우 긍정적으로 작용할 수도 있는 것이다. 예를 들어 이들이 면접위원에게 "그 친구, 참 예의가 바르더군요" "팀장님, 제가 보기에 이 친구는 성실하고 자신감이 있어 보였습니다" 등의 귀띔을 해준다면 채용에 중요한 영향을 미칠 수도 있다.

이처럼 이제는 취업에 있어서 지능지수IQ보다는 감성지수EQ가 더 중요한 역할을 하고 있음을 알 수 있다. 비즈니스는 고시공부나 논문 작성처럼 골방에 틀어박혀 책과 씨름하거나 머리를 싸맨다고 되는 일이 아니다.

'약간 불확실한 정보라도 인맥이나 각종 매체를 통해 최대한 빠르게 입수하고, 이를 분석하여 전략을 수립하고, 다시 이를 의사결정자에게 효과적으로 프레젠테이션하여 필요한 자원예산·인력을 확보하며, 전략달성을 위해 단계별로 업무를 강력하게 추진하는 것'

이것이 바로 비즈니스이다! 따라서 사람 또는 환경과 상호작용할 수 없는 사람은 상대적으로 취업이 어려워질 수밖에 없다.

결론은 '기본으로 돌아가라'는 것이다. 뻔한 소리로 들릴 수도 있지만, 실제로 인문학, 교양서적도 많이 읽고, 여러 부류의 사람들과 많은 대화를 나눠야만 이러한 상호작용이 가능해진다. 요즘은 일부 예술가를 제외하고는 이러한 상호작용이 따르지 않는 직업이 없다. 따라서 자신이 남에게 먼저 다가가는 것을 두려워하고 있다면, 취업과 취업 후 적응을 위해서라도 그러한 성격을 바꾸기 위해 노력해야 할 것이다.

암기보다 문제해결능력이 중요하다

여러분은 대부분 컴퓨터에 익숙할 것이다. 그런데 컴퓨터의 구조를 살펴보면 인간의 두뇌와 상당히 흡사함을 알 수 있다. 자료를 저장하는 기억장치, 자료를 넣고 뽑아내는 입출력 장치, 판단하는 연산장치 등.

지금은 많이 나아졌지만, 예전에는 열악한 교육환경에서 많은 학생을 가르치다 보니 어쩔 수 없이 암기위주의 교육을 실시했다. 사실 이러한 교육방식이 1960~1980년대 고도성장을 이루어내는 데 어느 정도 기여한 것도 사실이다. 특히, 이 때는 정보통신기술이 뒤떨어져 지금처럼 컴퓨터를 이용해 다양한 정보를 쉽게 저장하거나 가공할 수 있는 상황이 아니었기 때문에, 기업에서도 가능한 많은 정보와 지식을 머릿속에 보유하고 있는 인재를 선호했다.

하지만 정보통신의 발달은 '정보의 홍수'를 불러 왔다. 하루에도 수많은 정보가 인터넷 상에 오르내리고, 정보의 가공을 통해 또다른 정보를 만들어내기도 한다. 과거 수천 년 동안 생겨난 것보다 많은 정보가 하루 아침에 만들어지는 것이다. 상황이 이러다 보니 사람의 머릿속에 모든 정보를 담는다는 것이 불가능하게 되었을 뿐만 아니라, 그러한 시도 자체가 오히려 에너지의 낭비로까지 인식되고 있다.

그렇다면 현 시점에서 기업에 필요한 인재란 어떤 사람일까? 바로 이 수많은 정보 중에 가장 훌륭한 정보의 경로를 아는 사람과 수집된 정보를 활용하여 가장 올바른 판단을 할 수 있는 사람이다. 즉, 이제는 저장과 입출력기능은 컴퓨터에 모두 맡기고, 사람은 오로지 뛰어난 판단력processor만 보유하고 있으면 되는 것이다. '올바른 판단이 수만 명을 먹여 살린다'는 말은 이제 절대로 허황된 이야기가 아니다.

앞에서도 이야기했듯이 과거에는 기업에서 주로 지식과 기술에 초점을 맞추고 인재를 채용했다. 하지만 여러 가지 검증을 통해 아무리 많은 지식과 기술을 확보한 사람이라도 행동하는 방법이나 판단력이 떨어지고 열정이 부족할 경우 실질적인 성과를 내지 못한다는 것이 밝혀졌다.

기업에서도 점차 실질적인 성과창출이 가능한 인재를 판단할 수 있는 채용시스템을 도입하고는 있지만, 이러한 시스템의 도입 및 관리에 따른 비용 문제로 인해 아직까지는 활용도가 상당히 떨어지는 것이 사실이다. 하지만 핵심인재의 활용이 기업경쟁력과 직결된다는 차원에서 이러한 시스템이 곧 일반화되리라는 것만은 분명하다.

그렇다면 이러한 환경 속에서 취업을 하려면 어떠한 노력이 필요할까? 일단, 지금까지처럼 단순한 취업준비 이력서 쓰기, 영어공부, 면접연습 등으로는 좋은 성과를 기대할 수 없다. 왜냐하면 면접장에서 대화 시 수준차이가 확연하게 느껴지기 때문이다. 미리미리 폭넓은 사고와 문제해결 능력을 기르고, 프로의식을 내재화하는 학습이 필요하다. 즉, 폭넓은 독서뿐만 아니라 전혀 관계없는 것을 유기적으로 연계하는 '상상력 기르기', 맡겨진 일은 책임감을 가지고 완수하는 '프로의식 기르기', 사람과의 관계를 통해 '핵심정보를 습득하는 능력의 배양' 등 다양한 역량을 확보하기 위해 노력해야 한다. 이제는 암기가 아닌 판단이 중요한 시대이다!

취업정보 수집 및 분석, 이렇게 하라

그러면 취업정보 수집 및 분석은 어떻게 해야 할까? 다음의 5가지 방법을 활용하면 도움이 될 것이다.

---

1. 하고 싶은 일에 대한 정보를 인터넷을 이용해 알아본다. 일의 내용뿐만 아니라 자격요건이 담긴 직무기술서나 유사문서, 현직에 있는 사람의 이야기, 권장도서 등 가능한 한 많은 정보를 확보하는 것이 좋다. 이 때 뒤에 설명할 NCS사

이트나 각종 사이트를 활용하면 좋다.

2. 해당 분야의 권장도서 중 가장 좋다고 정평이 나 있는 책을 사서 읽는다. 이를 통해 일에 대한 개념과 느낌을 얻을 수 있다.

3. 학과 또는 학교선배 중 해당 분야에 근무하고 있는 사람을 만나 본다. 동문회 주소록에서 몇 명을 선택하여 이메일 또는 전화를 걸어 보자. 10명중 8명은 잘 만나 줄 것이다. 쑥스러우면 친구와 함께 가라.
약속이 잡히면 질문하고 싶은 내용을 미리 이메일로 보내는 것도 좋은 방법이다. 또한 실제로 만날 때에도 질문목록을 가지고 가자. 목록에는 일의 내용, 자격요건, 비전과 애환, 주의사항, 해당업계의 현황, 주요기업 및 경쟁상황 등이 포함되어 있어야 한다.

4. 뒤에서 알아 볼 〈전자공시시스템〉, 〈네이버 증권〉 등에서 해당 분야의 주요 기업정보를 수집한다. 한 장 정도로 깔끔하게 정리하다 보면 업계의 상황이 손에 잡힐 것이다.

5. 기초정보 분석이 끝났으므로, 인터넷이나 신문을 통해 해당 분야에 대한 기사를 스크랩하고, 각종 세미나 정보를 수집하여 지속적으로 참석하자. 학생은 무료인 경우도 많고, 교재를 사면 무료로 들을 수 있는 경우도 많다. 다양한 경로의 정보를 꾸준히 수집해 가자.

발을 너무 걸치지 말고
구심점 있게 기술하고 준비하라

전략이란 주어진 자원 중에서 선택과 집중을 잘하여 원하는 비전이나 목표를 달성하는 것이라고 말할 수 있다. 그런데 필자는 여기에 전략은 포기하는 데에서 시작된다는 말을 덧붙이고 싶다.

보통 학생들에게 계획을 세우라고 하면, 이것도 하고 저것도 하고 욕심나는 것은 다 하겠다는 내용이 대부분이다. 애석하게도 이러한 계획은 대부분 실패로 끝나고 만다. 예전에 영화 〈주유소 습격사건〉에서 한 주인공이 남긴 유명한(?) 대사가 있다.

"난 한 놈만 패!"

영화에서야 웃기라고 한 대사인지는 모르지만 여러분이 계획을 세우는 데 있어서 이 말은 매우 소중한 교훈이 된다. 모두 다 하겠다는 말은 아무것도 안 하겠다는 것과 똑같다. 하지만 '80:20의 법칙'처럼 핵심인 20%를 잡으면 80%는 성공한 것이나 다름없다.

즉, 욕심대로 모든 것을 하려는 것보다는 차라리 자기가 중요하다고 생각하는 것 하나에만 집중하는 것이 훨씬 나을 수 있다.

취업에도 전략이 필요하다. 시간이 한정되어 있고 개인의 능력도 비슷하다고 할 때, 결국 누가 구체적인 목표를 잡고 자원시간과 비용을 모두 효과적으로 활용하느냐에 따라 성패가 결정되는 것이다. 즉, 돋보기로 종이를 태우듯이, 무엇을 하고 싶은지 결정했다면 그것에 모든 에너지를 집중시켜야 한다.

몇 번 취업의 고배를 마시면 자기소개서가 점점 더 범용화된다. 이것 저것 잘 한다고 막 추가하다 보니 정확한 중심축이 잘 나오지 않는 자기소개서가 되는 것이다. 분식집의 잡다한 메뉴보다는 고급 요리점의 1~2개의 전문요리가 되라. 그래야 잘 팔릴 수 있다. 할 일을 아직 결정하지 못했다면 지금 바로 무슨 일을 할 것인지부터 생각해라.

전략에는 반드시 위험이 따르기 마련이다. 위험에 대해 책임질 자신이 없다면 전략도 없다. 책임지고 판단하여 선택할 수 있는 용기와 결단력이 전략에서는 무엇보다 중요하다.

취업 성공, 시간에서 결판난다

"시간만큼 중요한 자원은 없다."

취업은 시간과의 싸움이다. 만일 여러분에게 지금 3년 간의 여유가 있다면 마음이 초조하겠는가? 취업에 성공한 사람과 실패한 사람에게는 분명한 차이점이 있다. 가장 극명한 차이를 보이는 것이 하루 일과를 보내는 방식이다.

먼저 실패하는 사람의 하루 일과를 살펴보자.

늦잠을 잤다. 헐레벌떡 일어나 아침도 못 먹고 대충 강의교재만 챙겨서 학교로 출발. 만원버스, 전철에서 이리 치이고 저리 치이고…. 헐레벌떡 강의실에 들어섰건만 15분 지각, 이미 출석체크는 끝난 뒤다.

차에서 이리 치이고 저리 치인데다 맨 뒷자리에 앉았으니 조는 것은 당연지사. 꾸벅꾸벅 조는 중에 교수님의 날카로운 눈빛이 쏟아진다. 이미 블랙리스트에 올라 있는 것이다. 이 사실을 모르는 사람은 자기 자신뿐이다.

강의가 끝나고 남는 시간에는 무엇을 해야 할지 몰라 잡담을 나눌 친구를 찾아 학생회실, 동아리방, 교정을 배회하거나, 아니면 PC방, 커피숍 등을 전전한다. 결국 친구를 붙잡아 술이라도 한잔 하면 귀가는 늦어질 수밖에 없다. 게다가 게임에 인터넷으로 눈이 벌겋게 충혈될 때까지 밤을 지새고, 또 똑같은 일상의 반복….

그렇다면 취업에 성공하는 사람들의 행동방식은 어떠할까?

일찍 일어나 아침밥을 먹는다. 약간 한산한 대중교통을 이용해 학교에 간다. 오늘 무엇을 할지 고민하고 리스팅 한다. 강의실에 들어가 맨 앞에 앉는다. 남들은 벽부터 둘러 앉는 '벽돌이' '벽순이'를 자처하지만, 이에 아랑곳 않고 맨 앞에 앉아 똘망똘망하게 강의를 듣는다. 쉬는 시간에는 도서관에 가서 관심있는 책을 보거나 빌린다. 또는 선배들과 대화를 나누든지 게시판을 통해 유익한 강의, 세미나 정보 등을 확보한다. 수업이 끝난 후에는 도서관에 가서 공부를 하든지 학원에 간다. 집에 가서는 책을 보든지 TV를 시청하거나, 인터넷 정보를 찾아보고 12시 이전에 잠자리에 든다.

뭐가 다른 것 같은가? 가장 차이가 나는 것은 바로 시간의 효율적인 활용이다. 늦잠을 자면 피곤할 수밖에 없고, 콩나물 시루 같은 대중교통 속에서 파김치가 되어 15분 차이로 교수에게 찍히고, 졸면서 아까운 강의 2시간을 날린다. 또 무엇을 할지 갈팡질팡…. 시간만 허비하고, 하루 동안 제대로 한 일이 하나도 없다. 이런 생활이 몇 달 동안 지속되면 그야말로 '폐인'의 경지에 이르는 것이다.

성공하는 사람은 첫째, 피곤하지 않아서 힘이 넘친다. 강의시간에는 맨 앞에 앉아 나중에 따로 공부하지 않도록 교수님 강의의 핵심키워드를 잘 듣는다. 또 맨 앞에서 눈을 똘망하게 뜨고 있으니, 당연히 교수님의 호감을 사게 되어 가까워질 수 있는 기회를 얻게 된다. 미리 무엇을 할지 고민하니 시간이 있을 때마다 계획한 일 몇 가지를 해치울 수 있다. 집에 가서는 자기 시간도 갖고 적당한 시간에 잠자리에 든다.

이러한 유형의 학생은 주로 학점이 좋다. 교수님 강의의 키워드를 인지하고 있어 시험문제도 미리 예측이 가능해 공부시간이 줄어든다. 그 시간에 자기계발을 하니 좋을 수밖에 없다. 선배와 책을 통해 많은 정보를 얻고 특강, 세미나도 열심히 들으니 사고의 폭이 넓어진다. 이러니 취업이 안 될 까닭이 없는 것이다.

여러분이 만일 실패자의 유형이라면 세 가지만 바꿔보자.

첫째, 게임으로 날 새지 마라.
둘째, 아침에 하루 일과를 리스팅 해라. 리스트에는 오늘 꼭 할 일 몇 가지만 생각해서 적어 넣자.
셋째, 수업시간에 맨 앞에 앉아라.

한 달만 이렇게 생활하면 인생이 바뀐다. 닥쳐서 하지 말고 미리미

리 하자.

또 한 가지 여러분이 알아야 할 사실이 있다. 잘못된 생활습관으로 몸이 피곤해지면 인상이 안 좋아진다는 것이다. 앞에서 말했듯이 몇 년 비정상적인 생활을 한 사람의 인상은 힘이 없고 자신도 없어 보인다. 이럴 경우 당연히 면접 시 좋은 점수를 받을 수 없다.

자, 이제부터라도 시간의 중요성을 느끼고 효율적으로 활용할 마음을 먹어야 한다!

Day 2

Day 2 직무결정하기

취업을 위한 직무 알기
회사에는 몇 가지 일이 있을까?

취업준비생들이 직업을 선택하지 못하는 가장 큰 원인은 무엇일까? 정보가 부족한 것도 있지만 직업이 수 만개라서 무엇을 선택할지 모르겠다는 막연한 두려움을 가지고 있는 것이 가장 크다.

실제 직업은 수 만개가 맞다. 그런데 한번 생각을 해 보자. 대부분의 사람들은 조직에 취업을 한다. 창업을 하거나 작가, 예술가, 전문직을 선택하는 사람은 극소수다.

즉 여러분이 일반적인 회사나 조직에 취업을 한다고 한다면 어떤 자격을 취득해야 하는 전문직인 의사, 변호사, 노무사, 변리사, 세무사 등의 직업은 선택에서 제외된다. 또한, 예술가, 농업이나 어업 같은 직업에 종사할 것이 아니면 이런 직업들도 제외된다.

많은 취업준비생들이 어린 시절부터 막연하게 판사, 정치인, 운동선수 등 자신이 선택하지 않을 직업들을 생각하다 보니 실제 직업을 선택할 때 막연한 것이 현실이다.

필자가 20여년 가까이 조직의 인사담당자로 재직하면서 느낀 핵심은 조직의 일은 그렇게 많지 않다는 것이다. 대부분 20~30개 정도의 범주 안에 들어온다는 것을 알았다. 세부적인 업무분장은 훨씬 많겠지만 대부분은 20~30개의 직무 범주 내에서 경력을 쌓고 성장한다.

그렇다면 회사나 조직에는 어떤 직무들이 있을까? 이것을 알기 위해서는 먼저 조직이 무엇인지를 알아야 한다. 아래의 내용은 나중에 회사 면접을 볼 때도 알고 있으면 많은 도움이 되는 내용이다.

먼저 조직은 어떤 목적을 달성하기 위해서 2인 이상이 모인 것이라고 정의할 수 있다. 보통 3인 정도부터 조직이라고 한다. 많은 사람들이 취업하는 기업이라는 조직의 목적은 무엇일까?

부가가치(Value)를 창출해서 그 가치의 대가로 재화(돈)를 버는 것이 기업의 목적이자, 존재의의 이기도 하다. 여기서 핵심은 부가가치이다.

부가가치를 창출하기 위해서 조직에서 필요한 것들이 있다. 아래 마이클 포터의 가치사슬(Value Chain) 모형을 살펴 보면 기업에는 어떤 기능이 있어야 되는지 알 수 있다. Value Chain 모형은 주로 제조기업에 맞게 구성이 된 것이어서 IT같은 지식산업에는 약간 다르게 적용이 되지만 대강은 비슷하다.

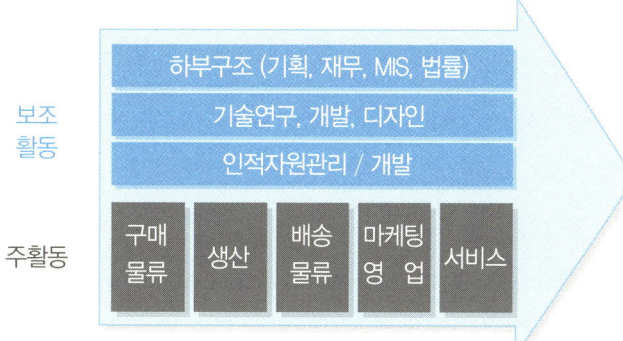

〈그림2〉 마이클 포터의 가치사슬(Value Chain) 모형

그럼 여러분과 함께 기업이 어떻게 부가가치를 만드는지 한번 상상해 보자. 이런 상상이 여러분이 어떤 유형의 일을 할 것인지 선택하는 데 도움을 준다.

1. 먼저 사업을 시작할 때 어떤 새로운 부가가치가 있는 상품을 연구 해야 한다. 차별화된 상품의 원형이 있어야 한다. 그것이 있어야 공장도 세우고, 생산설비도 갖추게 되기 때문이다. 이것을 위해서는 R&D 조직에서 새로운 상품을 연구하는 일이 필요하다.

   이것을 위의 그림에서 보면 [기술연구, 개발, 디자인] 이라고 표현해 놓았다. 한마디로 상품개발이다. 그런데 여기서 약간의 차이가 발생하는 것은 지식산업(IT, 문화콘텐츠 등)은 상품개발이 바로 생산이다. 복제와 전파가 용이하기 때문에 상품개발과 생산이 혼합되어 있다.

2. 그리고 회사를 시작하려면 돈과 사람, 그리고 전략이 있어야 한다. 사람을 채용하고 교육시키고 동기부여하는 [인적자원관리/개발], 돈을 관리하는 [재무], 전략을 관리하는 [기획], 그리고 이런 스텝을 지원하는 [MIS], [법률], [총무] 등의 기능이 필요하다.

3. 이런 기반이 갖추어지면 본격적으로 생산이 시작되는데 생산을 위해서 먼저 재료를 [구매]하고 [물류]로 이동시켜야 한다. 그 뒤에 공장에서 [생산]을 하고 생산된 것을 다시 [배송, 물류]하여 제품을 팔 준비를 하고, 이것을 [마케팅/영업]을 통해 판매를 시작하게 된다. 그리고 판매가 이루어진 뒤에 고객센터나 CS 등의 [서비스 운영]이 필요하다.

　이러한 일련의 기능을 통해서 하나의 부가가치가 창출된다. 휴대폰, 반도체, 조선 등등 어떤 기업에 대입해도 대부분 동일한 기능들이 필요하다. 회사가 커지면 이런 큰 기능분류에서 더 세밀한 기능이 나뉘지겠지만, 대부분의 사람들이 그 기능 내에서 여러가지 역할을 하면서 성장을 하기 때문에 기능의 유형은 20~30개 미만이라고 보는 것이 좋다.

　더 크게 보면 사업/마케팅(Marketing), 제작(Product), 연구(Research), 스텝(Staff)의 4가지로 볼 수도 있는데 실제 취업에 도움이 되려면 인사, 상품기획, 영업 등으로 한 단계 더 구체적으로 직무를 정할 수 있어야 한다. 즉, 20~30개 정도의 기능 중에 자신이 몰입이 되고 재능도 있는 직무의 유형을 선택할 수 있다면 우리는 직업을 선택할 수 있다.

　선택이 빠를 수록 그에 맞추어 준비를 할 수 있기 때문에 다른 경쟁자 보다 유리한 상황에 설 수 있다. 대부분은 이런 선택을 미루기 때문에 막연한 자기소개서가 되어서 차별성을 어필하기 어렵다.

　선택을 빨리 하는 Tip을 하나 알려 주면 위에서 알아 본 부가가치가 창출되는 과정을 자주 자주 머리 속으로 상상해 보라는 것이다. 그렇게 하다가 보면 '각각 기능이 어떤 일이겠구나!'라는 것을 대략 알 수 있게 되고, 그 중에서 내가 하면 가장 재미있고 보람이 있을 것 같은 일을 선택할 수 있게 된다.

　앞으로 20~30개의 직무유형에 대하여 좀 더 세밀하게 하나 하나 알아 보도록 하겠다.

세부 직무내용은 사람을 만나 물어라

　많은 취업준비생들은 인터넷 검색이나 취업정보사이트를 검색해 보는 것을 가장 중요한 취업 정보 수집의 방법으로 활용하고 있다. 하지만 효과와 정확성이 많이 떨어지게 된다. 온라인에는 실제 현장과는 동떨어진 정확하지 않은 정보들이 떠다니고 있는 것이 현실이다.

　판단을 위한 좋은 정보는 인터넷이나 온라인 공간에 그렇게 많이 떠 있지 않다. 취업 정보수집을 위해서 가장 중요한 방법은 사람을 만나는 것이다.

인턴이 가장 좋다. 눈으로 보고, 묻고, 실제 분위기나 느낌을 체험할 수 있기 때문이다. 일정한 기간을 두고 계속 상황파악과 정보수집을 할 수 있기 때문에 가장 권하고 싶은 방식이다. 금액, 기간에 상관없이 취업 전에 꼭 인턴을 경험하라고 권하고 싶다.

그 다음으로 권하고 싶은 것은 이미 취업한 선배를 찾아가는 것이다. 아는 선배를 만나도 좋고, 그 선배를 통해서 다른 직무의 선배를 연결하는 것도 좋다. 보통 1~2단계를 거치면 대부분 원하는 직무의 선배를 만날 수 있다. 혼자 만나러 가기 무섭다면 친구와 함께 가라. 학교 수업에 리포트 낸다고 해도 정 인맥도 없고, 연결할 방법도 없다면 온라인 직무 동호회의 오프라인 모임이나 무료세미나 장에 가서 묻고, 명함을 받으면서 네트워크를 만들어라. 필자도 강의를 가면 5% 정도의 학생들이 명함을 달라고 한다. 그 중에 30% 정도가 필자에게 이메일을 써서 묻는다. 온 이메일은 최대한 성실하게 답변을 한다. 정보수집은 우선 사람을 만나는 것에서부터 시작한다.

만나기 전에는 반드시 질문목록을 정리해 가는 것이 좋다. 그냥 막연히 가는 것은 상대방에게 실례가 된다. 상대방의 시간을 줄여주고, 짧은 시간에 정확한 정보를 얻기 위해서는 물을 것을 구조화하는 것이 좋다.

그리고 겁먹지 않아도 된다. 대부분의 선배들은 성실하게 답변해주고, 차도 한잔 사줄 때도 많다. 우선 부딪쳐라.

그럼 사람을 만나서 무엇을 물어 보아야 할까?

• 직무의 내용을 물어 보라 • 전반적인 직무의 개요와 내용을 물어 보라. 이 일은 어떤 일이고, 어떤 결과물을 산출하는지 물어 보는 것이 좋다.

• 직무수행 하려면 반드시 필요한 역량을 물어 보라 • 그 직무를 수행하기 위해서 반드시 필요한 역량을 물어 보라. 나중에 자기소개서는 그 역량에 매칭해서 기술 되어야 한다. 역량이 한 5개라면 가장 중요한 역량 순서를 물어 보라. 사람이 모두 역량을 갖출 수는 없지만 우선순위가 높은 역량을 갖추려고 준비를 해야 한다.

• 직무분야의 추천도서를 물어 보라 • 그 직무를 수행하는 분들이 좋은 책이라고 생각하는 추천도서를 물어 보라. 그 추천 도서를 읽고 취업에 임하면 인사이트가 좋아져 면접 등의 과정에서 대화의 질이 상당히 좋아지게 된다.

• 직무의 애환을 물어 보라 • 겉으로는 화려하지만 실제로 수행하는데 상당히 애환이 있을 수 있다. 어떤 일이나 그렇다. 그 애환을 정확하게 알고 준비한다면 스스로 마음가짐도 더 굳건히 가질 수 있다.

• 성장경로, 보상수준 등을 물어 보라 • 해당 직무에서 성장한다면 어떤 대우를 받게 되는지 어떤 역할로 성장할 수 있는지를 물어 보라. 또 장기적으로 시장에서 해당 직무의 중요도는 어떤지도 물어 보라. 생각했던 것보다 현실이 녹록하지 않을 수 있다. 미래를 보고 버텨야 할 직업도 있기에 이런 의견들도 알고 있으면 큰 도움이 된다.

마지막으로 다시 한번 권하지만 도서관이나 온라인 검색 말고 사람을 만나서 묻고 또 물어라. 그래야 보다 완벽한 취업준비를 할 수 있을 것이다.

자신만의 직무기술서를 만들어라

지금까지 어떻게 사람, 책, 인터넷 등에서 필요한 직무정보를 얻어내는지 설명을 하였다. 하지만 이렇게 수집된 정보는 아직 자신의 것이 아니다. 이렇게 수집된 정보를 스스로 정리하지 않으면 되려 너무 많은 정보로 판단에 어려움을 겪게 된다.

따라서 인턴이나 선배미팅, 책, 인터넷 등으로 수집된 정보를 종합하여 관심있는 직무분야에 대하여 아래와 같은 자신만의 직무기술서를 만드는 것이 중요하다. 이러한 직무기술서를 정리하고 이것에 맞추어서 역량개발, 자기소개서와 면접이 준비가 되어야 한다.

정보를 수집할 때 아래와 같은 요건을 포함할 수 있도록 표로 만들어서 관리하면 좋다. 일반적인 직무기술서의 내용에 추가해서 해당 분야의 선배나 전문가들이 추천하는 도서목록, 해당 직무로 근무할 수 있는 회사들, 이 직무에서 향후에 성장하는 경로, 보상 수준 등을 추가로 반영하여 정리하면 좋다.

이런 자신만의 직무기술서가 만들어진다면 취업을 위한 자신만의 막강한 무기가 만들어지는 것이다. 이런 무기를 보유하고 취업전선에 임하는 사람과 막연하게 상상만 하고 있는 사람은 이미 무기나 장비의 성능에서 큰 차이가 나는 것이다. 정보는 많은 것도 좋지만 체계적으로 정리된 것이 실제 활용성을 높이는데 중요하다.

관심 있는 분야의 직무기술서를 미리 미리 만들어 보는 작업은 빠른 직무선택을 위해서 큰 도움이 될 것이다.

직무명	총 무
직무개요	총무는 조직의 경영목표를 달성하기 위하여 자산의 효율적인 관리, 임직원에 대한 원활한 업무지원 및 복지지원, 대·내외적인 회사의 품격 유지를 위한 제반 업무를 수행하는 일이다.
주요업무내용	기업의 자산관리 및 임직원들의 업무환경을 지원하며 편리하고 안정된 직장환경을 제공하여 보다 나은 성과를 이룰 수 있도록 하며, 비품 구매와 관리, 부동산, 사무실 임대차 관리 및 시설물의 관리, 임직원 복리 후생을 위한 각종 회원권 등의 유/무형의 자산을 취득/관리한다. 임원의 의전이나 행사진행을 맡아 일한다.
필요역량 / 기술 / 지식	조직에서 발생하는 다양한 요구사항을 수용할 수 있는 커뮤니케이션 능력이 필요하며, 조직을 유지할 수 있도록 상생하는 협력사와의 협상 능력, 부동산 관련 업무에 대한 법률적 지식 등이 필요하며, 행사 진행에 필요한 서비스 제공 능력과 이를 평가하여 개선시키고자 하는 의지가 필요하다.
분야 주요 추천도서	『입사에서 퇴사까지 총무와 인사 노무』. 손원준. 지식만들기. 2014
주요근무가능 회사	거의 모든 회사
향후 성장경로	총무직의 경우 조직의 일정부분만의 수요가 있는 만큼 현상유지할 가능성이 높은 편이며, 신입사원 보다는 경력직을 우대하는 경향이 있다고 한다.
보상수준 (선택)	

〈표II-1〉 직무기술서 정보 수집 요건

국가직무능력표준(NCS)을 중심으로
다양한 사이트를 활용하라

위에서 제공한 표준 직무기술서에도 많은 내용이 담겨져 있지만 수없이 많은 회사들의 직무들과 아주 정확히 매칭이 되기는 어려울 수 있고, 보다 세밀한 정보를 알수록 도움이 되기 때문에 추가적인 정보의 종합은 중요하다. 인터넷 검색은 가장 손쉽게 정보를 얻을 수 있는 방법으로 필자가 전문가적인 시선으로 볼 때 가장 잘 정리된 직무의 내용을 제공하고 있는 사이트들을 소개하고자 한다.

: 국가직무능력표준(NCS) 사이트

앞서 취업을 위한 직무를 알기 위한 방법으로 인턴 생활과 직접 사람을 만나서 물어보고, 자신만의 직무기술서를 만드는 방법을 추천했다. 그에 덧붙여 정보 접근 차원에서 최근 관심이 고조되고 있는 국가직무능력표준(NCS)을 활용하는 방안을 알아보기로 하자.

2015년부터 스펙초월 능력중심 인사관리 정착을 모토로 산업현장의 직무를 수행하기 위해 필요한 능력(지식, 기술, 태도)을 국가적 차원에서 표준화하고, 이를 기반으로 채용과 경력개발 등 육성방안을 수립하는 사업이 시작되었다. NCS 공식 홈페이지(http://www.ncs.go.kr)에서는 직무와 경력개발 등 이와 관련한 방대한 자료를 제공하고 있다. 관심있는 직무의 세분류 단위를 검색하여 자료를 다운로드 받아보면 해당 직무의 노동시장분석, 교육훈련 현황 분석, 자격 현황 분

〈그림II-2〉
국가직무능력표준 (NCS)사이트

〈그림II-3〉
한국고용정보원
직업동영상 사이트

석, 해외사례 분석부터 시작하여 해당 직무의 세부사항까지 볼 수 있다. 분량이 다소 많아서 꼼꼼하게 보기에는 무리가 있다면, 최소한 해당 직무의 능력단위와 직업기초능력에 관해서는 알아두길 권한다. 또한 자신만의 직무기술서를 작성할 때도 상당 부분 참고할만한 자료가 있으니 살펴보면 좋겠다.

2015년에는 NCS 기반 채용 컨설팅이 공기업과 중소기업을 대상으로 시행되어 대기업 중에서는 도입된 사례가 거의 없다. 그러나, NCS 취지와 정책을 고려하자면, 대기업을 대상에서 제외할 수 없는 것도 사실이다. 향후, 개인의 경력개발을 위해서라도 NCS와 친해져야 하겠으며 그 첫 단계로 이해하면 좋겠다.

두번째로 도움이 되는 사이트는 고용노동부에서 운영하는 한국고용정보원 직업동영상 사이트이다. 각 분야에서 활동하고 있는 전문가들과의 인터뷰를 동영상으로 촬영하여 무료로 제공하고 있는 사이트로 활용성이 매우 높은 사이트이다.

인터뷰 시간이 좀 짧은 것이 아쉽지만, 대략적으로 어떤 일이고 어떤 능력이 필요한지 아는데 도움이 된다. 워크넷의 직업정보시스템(www.work.go.kr/jobMain.do)과 함께 활용하면 직무정보를 수집하는데 도움이 된다.

: CJ그룹 Job Preview9
　　http://recruit.cj.net/recruit/recruit/job_preview/job_preview.fo

CJ그룹은 오랫동안 직무기반의 인사체계를 구축하려고 다양한 노력을 해 왔다. 인사 분야의 몇몇 선후배들이 CJ그룹에 근무를 했는데 정확하게 직무의 요건에 부합되는 인력들을 채용하려는 노력들을 해오면서 직무에 대한 정의들이 다른 조직보다 체계적으로 정리가 되어 있는 편이다.

직무별 요건이 잘 기술되어 있고, 해당 분야의 선배들이 직접 자신

〈그림II-4〉
CJ RECRUIT 사이트

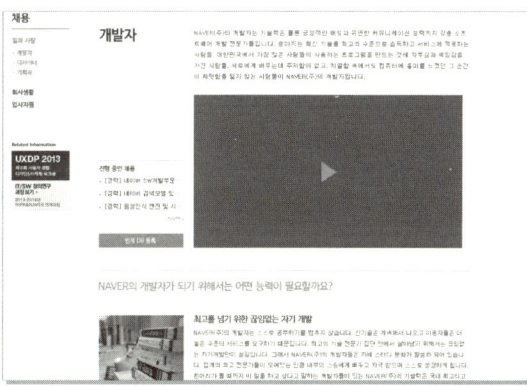

〈그림II-5〉
네이버 채용사이트

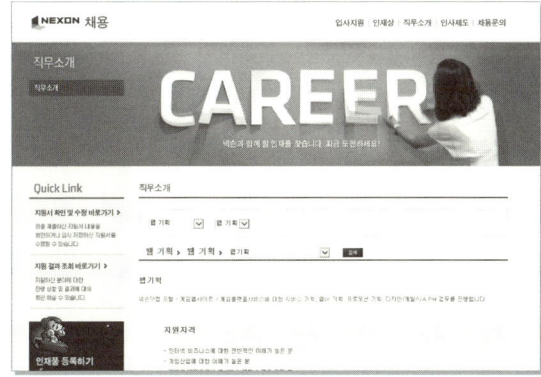

〈그림II-6〉
NEXON 채용 사이트

Day2 직무결정하기

의 일에 대하여 설명하고 있어서 일에 대한 이해를 얻기 좋은 사이트로 활용하면 도움이 많이 된다.

: **네이버 채용사이트**
http://recruit.navercorp.com

IT서비스를 위해 필요한 개발자, 디자이너, 상품(서비스)기획자에 대한 동영상 설명과 자격요건 등이 잘 설명이 되어 있다.

: **넥슨 채용사이트**
https://career.nexon.com/user/duty/info?joinCorp=NX

IT기업들은 직무가 세분화되고 전문화 되어 있다. 각 직무별로 인력을 뽑기 때문에 대략적인 직무역량들을 정리해서 사이트에 알려 줄 때가 많다.

넥슨사이트는 온라인, 게임, IT 분야의 다양한 직무의 내용과 요건들이 잘 제시되고 있다.

조직의 30개 핵심직무 유형

필자의 20년간의 인사분야 근무 및 책임자 경험, 그리고 3개 회사의 직무분석을 직접 수행한 경험, 다양한 회사의 인사담당자와 실제 현업에 근무하는 인력들과 미팅, 인터뷰 경험을 바탕으로 대부분의 조직에서 운영되는 직무를 30개 유형으로 정리를 했다.

NCS(ncs.go.kr)에도 다양한 직무들이 들어 있지만 너무 세분화 되어서 어떤 역량과 정확하게 매칭이 되는지, 그리고 같은 직무가 여러 개로 나누어져 있어서 처음 직업을 탐색하는 사람들에게는 어려움이 있을 수 있다.

이런 이유로 직무의 스타일이라는 것을 기준으로 30개의 직무유형으로 구분을 해 보았다.

많은 학생들이 기업의 마케팅과 사업기획을 혼동하는 경우를 많이 보았다. 수업시간에는 마케팅은 기획부터 고객관리까지 전분야라고 배웠지만 실제 기업이나 조직에서의 마케팅은 보다 한정되어 있고, 사업기획과 마케팅이 나눠질 때가 많다. 따라서 사업기획과 마케팅에 필요로 하는 역량도 달라지게 되는데 이런 부분들을 직무 스타일 위주로 구분을 해 보았다.

아래 정리된 것이 100% 정확하다고 말할 수는 없다. 하지만 어떤 직무의 유형을 이해하는데 도움이 될 것이다. 이러한 핵심직무 유형을 바탕으로 실제 현업의 선배, 실무자 등의 인터뷰를 통해서 자신만의 직무기술서를 만들 수 있다. 좀 더 세밀한 직무기술서가 있다면 취업에는 큰 도움이 될 것이다.

직무별로 요구되는 필요역량과 성격을 좀 더 자세히 알고 싶다면 필자의 저서 《기적의 직무코칭(조선에듀케이션)》을 참조하라.

〈표II-2〉 조직의 30개 핵심직무 유형

사업/전략/경영기획	• 대내외 경영환경을 분석하고 회사의 비전과 경영전략을 수립한다. • 기업의 동향분석, 조정, 통제 및 실적평가, 투자검토 등을 통해 중장기 사업전략을 수립하고, 사업성을 평가한다. • 회사의 모든 업무활동이 전략적 방향에 맞게 이루어질 수 있도록 점검/지원한다. • 이를 통해 경영성과를 극대화하고 회사비전을 달성할 수 있는 방향타 역할을 한다.
마케팅	• 회사 또는 서비스 브랜드 인지도 제고에 기여하기 위한 각종 마케팅 전략 및 핵심서비스 광고전략을 수립하고, 온/오프라인 광고/프로모션 활동을 추진한다. • 시장환경을 분석하여 마케팅 전략을 수립하고 전개한다. • 주요업무로 시장조사/분석, 마케팅 전략수립, 마케팅 활동 및 성과관리 등의 업무를 수행한다.
상품/콘텐츠기획	• 새로운 상품을 기획/개발하여 회사의 매출신장과 수익률 제고에 기여하는 역할을 한다. • 제품분석, 소비자 분석, 제품 포지셔닝, 제품 개발 등을 수행한다. • 사업성과의 향상을 위하여 경쟁사 분석, 시장/각종 자료 조사 등을 바탕으로 상품/콘텐츠의 전략/컨셉/방향/수익모델을 수립하고, 이의 추진을 위한 각종 업무를 수행한다.
투자금융/IR/애널리스트	• 자신의 회사나 회사고객들에게 금융 및 투자자문을 제공하기 위해 경제예측, 거래량, 회사의 재무상태, 과거의 성과 및 주식, 채권 및 기타 투자수단들의 장래 경향성과 같은 금융시장정보를 수집하고 분석한다. • 기업재무정보에 대한 정리와 통계분석 및 모델링을 하고, 주식, 채권, 파생상품 등 다양한 상품에 대한 포트폴리오를 구성한다. • 경제, 산업 및 기업분석을 하여 회사가 경쟁우위에 설 수 있는 전략을 구상한다. • 국내외 경제전망 및 분석을 통해 투자전략을 세운다. • 고객, 연금펀드관리자, 증권중개인 및 협회에 투자자문 및 권고안을 제공하고 회사, 산업 및 경제전망, 분석보고서, 요약노트 및 대응에 관한 서신을 작성한다.

리서치	• 고객과 시장의 여론을 알기 위해 시장 또는 경제조사를 수행한다. • 조사방법론을 확립하고 여론조사나 설문지와 같은 자료수집 방식을 설계하며 고객의 구매습관 및 선호도에 대한 조사를 실시하고 자료를 분석한다. • 결과에 대한 보고서를 작성하며, 프리젠테이션한다. • 시장 상황을 조사하고 경쟁사, 가격, 판매, 마케팅 및 유통방법에 관한 정보를 수집한다. • 여론의 흐름, 제품의 유통경로, 소비자동향, 소비성향, 수요잠재력 등을 조사·분석하고 관계기관의 정책변화를 조사·분석하여 이에 상응하는 제도 또는 정책 등을 연구한다.
소프트웨어 개발	• 각종 컴퓨터시스템의 운영체계시스템을 설계하고 개발한다 • 네트워크 시스템에서 운영되는 네트워크 프로토콜 처리에 관련된 소프트웨어를 설계하고 개발한다. (TCP/IP, NETWARE 등) • 각종 보안 관련 소프트웨어(방화벽, 인증, 인가 등)를 설계하고 개발한다. • 각종 산업용 제어시스템에서 운영되는 산업설비의 제어, 모니터링 및 관리용 소프트웨어를 개발한다. • 컴퓨터 시스템에서 운용되는 각종 유틸리티 소프트웨어를 설계하고 개발한다.(파일관리 시스템, 데이터베이스 관리시스템, 네트워크 관리시스템, 미들웨어 등) • 개발된 소프트웨어를 해당 컴퓨터 시스템에 설치,운영하여 기능과 성능을 시험평가 및 분석한다. • 사용자가 요구하는 기능을 제공하기 위해 각종 프로그램을 개발하며, 개발된 프로그램에 대한 유지/관리 업무를 수행한다.
하드웨어 개발	• 컴퓨터 시스템의 회로설계 및 시스템제어에 대한 연구/개발을 한다. • 각종 하드웨어 장비(가전, 무선기기, 네트워크, 컴퓨터 등)를 개발하고, 기 개발 장비 기능 향상 및 사양 변경을 한다. • 제품 원가 분석을 통한 경쟁력 분석을 하고 부품 sourcing 및 관리를 한다. • 국제표준규격 테스트(UL, FCC, CE 등)를 실시한다.
기계장비 개발	• 조선, 자동차, 각종 장비 등 기계장비에 대한 설계/개발을 담당 한다. • 각종 기계장비를 개발하고, 개발된 장비 기능 향상 및 사양 변경을 한다 • 제품 원가 분석을 통한 경쟁력 분석을 하고 부품 sourcing 및 관리를 한다.

전자소재 R&D (반도체/LCD/태양광 등)	· 반도체, LCD, 태양광 등 재료에 대한 전반적인 기술적 지식을 활용하여 설계, 공정계획, 제조, 조립을 한다. · 기술적 성능을 개선하고 부품, 제품 및 시스템에 사용되는 전자적 특성에 대한 변형과 응용에 대해 계획하고 개발한다. · 새로운 장비나 설비에 대하여 실험 가동하여 적정조건유지를 검토하고, 장비조작방법 및 제반 조건에 관한 교육을 한다.
시스템 엔지니어	· 최적의 정보 시스템을 구축함에 있어서, 정보기술의 가용한 제 기술적 사항(하드웨어 및 소프트웨어)과 해당 업무(프로세스 및 데이터)를 종합적으로 검토 분석하여, 이에 적합한 정보시스템을 전문적으로 분석, 설계하고 구축한다. · 하드웨어 구성요소, 소프트웨어, 통신 및 네트워크, DB 등의 전반적인 기술 아키텍쳐 사양을 설정한다. · 구축된 시스템이 최적의 성능을 발휘될 수 있도록 관리한다.
토목/건축엔지니어	· 빌딩, 도로, 다리, 댐, 수질 및 폐기물 관리시스템, 구조 철강물과 같은 주요 건설을 계획, 설계한다. · 건설 명세서 및 절차를 수립하고 적절한 빌딩 및 건설재료를 평가한다. · 측량 및 토목설계 작업을 해석, 검토, 승인한다. · 예비조사, 경제학적 분석, 도시 및 지역교통연구, 환경영향연구 등을 수행한다. · 지형학, 토양, 수문학이나 기타 정보 개발을 위한 측량 및 현장 자료에 대한 기술적 분석을 수행하고 보고서를 작성한다. · 건축물의 구조설계, 시공에 관한 기술자문, 건축 구조물에 대한 구조계산 및 시공방법에 대해 연구, 개발하고 관리업무를 수행한다. · 공사 전체에 대한 세부공정계획, 인력계획 및 자재계획을 수립하고 실행한다. · 각 건축공법의 적용 타당성과 경제성을 비교, 분석하고 채택한 공법의 현장적용에 대하여 상세하게 서술하고 실제 적용시의 문제점 및 장, 단점을 파악한다. · 필요할 경우 구조체의 물리적 시험, 시뮬레이션 등을 실시한다.

전기/ 발전기술 엔지니어	• 전기장비, 부품 혹은 여러 전기시스템의 설비, 설치를 감독하고 감리한다. • 설치와 작동이 고객이 제시한 조건과 기준에 맞는지 확인하기 위해 기술도면, 전기시스템 설계도 및 세부지도를 작성하고 연구한다. • 기존 및 잠재적인 전기엔지니어링 연구와 프로젝트에 관한 자료를 수집하고 보고서를 작성한다. • 전기공학원리를 응용하여 전력을 생산하는데 필요한 발전기, 터빈 등의 발전설비를 연구/개발한다. • 전원개발계획에 따라 선정된 발전방식의 타당성, 경제성, 효율 등을 검토·분석한다. • 선정된 발전방식에 수용할 발전기, 터빈, 수차 등 발전설비에 관련된 국내외자료를 수집하여 적합한 발전방식 및 기기를 연구/개발한다. • 전기발전소와 공급라인 및 발전소들의 배치도를 계획한다.
생산관리	• 조직의 설비, 자재, 구성원을 효율적으로 활용할 수 있도록 생산업무를 기획·조직·통제하고 생산정책을 수립한다. • 생산소요량, 공장의 생산능력, 생산인력 및 성과 등 생산정책에 관하여 총괄관리자 및 각 부서관리자와 협의하여 재원, 인력, 원자재, 판매 등의 생산계획을 수립한다. • 품질 및 생산 관리업무를 위하여 리스크 발생 시 원인을 분석하고 대책을 수립한다.
품질관리	• 자재의 구매에서부터 제품의 생산에 이르기까지 전과정의 품질관리에 관한 업무를 담당한다. • 제품규격의 표준화 달성 및 품질개선과 생산성 향상을 위한 지도, 감독 업무를 수행한다. • 회사 제품의 품질을 향상시키고 품질경쟁력을 확보하는 역할을 한다. • 주요업무로 품질정책 수립, 품질관리 및 보증, 품질개선활동 등을 수행한다.

환경안전	**[환경]** • 회사의 환경정책을 수립하고 공장내외부의 환경을 관리한다. • 환경문제와 관련하여 자체적으로 점검하거나 대외 검사를 받고 Follow-up한다. • 환경설비 개선, 대기질 향상활동, 폐기물 처리 등의 오염물 저감 및 환경개선활동을 한다. **[안전]** • 회사의 무재해.무사고달성을 위해 사내 안전/소방/보건관리활동을 수행한다. • 안전의식 고취를 위한 사내 행사와 임직원 교육을 실시한다. • 작업환경을 측정하여 작업자 건강에 유해한 요인을 제거하고, 작업자의 건강진단을 주기적으로 실시한다.
디자인	• 제품, 웹, 캐릭터, 출판물 등의 고객의 시각적, 기능적 편의를 위한 작업을 한다. • 고객분석 및 시장조사를 바탕으로 표현방법을 연구하며 컨셉기획, 아이디어 스케치 및 디자인 작업 등을 수행한다. • 서비스 기획의 방향, 개념 및 사용자에 대한 요구를 분석하여 디자인의 Concept을 설정한다.
화학R&D (제약, 화장품, 식품, 석유)	• 제약, 화장품, 식품, 석유화학 등 각 연구분야에서 자신의 전문 지식을 이용하여 각종 연구를 수행한다. • 생산, 공정개발, 품질관리 및 정량분석 또는 분석방법의 개발, 새로운 생산물과 도구들의 산출 등을 목적으로 액체, 고체 기체물질 및 화합에 관한 연구, 분석, 종합 또는 실험을 수행한다.
방송제작	• 라디오, 텔레비전, 인터넷 방송 프로그램을 기획, 구성, 제작한다. • 제작 프로젝트 전반에 필요한 인력, 재원, 일정 등을 관리하는 프로젝트 관리를 담당한다 • 창의적인 콘텐츠를 제작하기 위해서 다양한 이해관계자와 토의하고 검토하여 프로그램을 제작한다.

영업	• 사업분야의 새로운 시장의 고객을 개발하고, 영업에 따른 각종 서류작성, 계약, 고객관리 등 실질적인 영업활동을 수행한다. • 잠재적인 고객/고객회사를 파악하고 구매가 이루어지도록 설득하며 제품 또는 서비스의 이용으로 얻게 될 이익을 설명하기 위해 보고서나 제안서를 작성한다. • 제품정보, 경쟁업체, 시장상황에 관한 정보를 파악하고 이를 영업활동과 연계시켜 업무를 수행한다.
MD	• 고객이 원하는 최적의 상품을 제공하기 위하여 고객니즈를 분석하고, 이를 바탕으로 상품아이템을 구성한다. • 최저의 가격으로 상품을 구매하기 위한 정보수집 및 협상을 진행하고, 다양한 판매방식을 기획하여 판매를 총괄적으로 책임진다.
물류 관리	• 회사나 조직의 물류기능을 분석하고 조정한다. 물류시설의 기계화·자동화, 물류정보시스템의 구축, 물류관리기법의 고도화 등의 업무를 담당한다. • 자원의 취득, 유통, 내부 배당, 배달 및 최종 처분을 포함한 제품 전체의 이동 흐름에 대한 책임을 진다. • 하역, 포장, 보관, 수송, 정보, 유통가공 등 물류와 관련된 모든 시스템을 통합 관리한다. • 화물유통, 물류체계, 물류시설과 관련된 지식을 이해하고 이를 활용한다.
금융 서비스	• 은행, 증권사, 신용조합, 보험이나 유사한 금융기관 등에서 대출, 예금인수, 증권매매, 투자자금의 운용, 신탁관리 등의 업무를 한다. • 회사 및 고객을 면담하고 고객 문의에 응대하며, 대출, 신용 신청서를 분석, 검토하는 업무를 한다. • 주식, 채권, 펀드, 예금, 적금, 보험 등 각종 금융상품을 판매하는 일을 담당하고 관련된 조직의 운영을 관리한다..
서비스 운영	• 고객만족을 위하여 고객의 불만 및 요구사항을 모니터링하여 해결하고, 고객의 니즈가 서비스에 반영될 수 있도록 Follow-up하며, 서비스 운영을 지원한다. • 회사의 고객서비스 정책을 수립하고 관리한다. • 고객상담, 불만관리, 콜센터를 통한 영업지원, 텔레마케팅 등의 업무를 수행 또는 관리한다. • 고객이나 방문객을 안내하고 각종 정보를 제공하며 고객 요청을 접수하는 업무를 행하거나 각종 민원사항과 창구의 자료 및 이용안내문 배치 등에 관련된 사무업무를 수행한다.

인사/ 교육	**[인사]** • 회사 핵심역량과 사업니즈에 부합하는 인력을 채용, 확보하고 이들을 유지, 육성하는 업무를 수행한다. • 인적자원 경쟁력을 확보하고 조직의 성과창출에 기여하는 역할을 한다. • 주요업무로 역량에 기반한 인재확보, 육성, 평가, 보상, 승진, 인력조직관리 등의 업무가 있다. **[교육]** • 회사 임직원의 성과향상과 경력개발을 위해 필요한 교육을 찾아내어 교육체계를 수립한다. • 필요 교육과정을 개발/운영/평가함으로써 구성원의 역량을 육성하고 조직의 성과창출에 기여한다. • 주요업무로 회사임직원들의 교육계획수립, 교육개발/운영, 교육성과측정, 자기계발지원등을 수행한다.
총무/ 구매/ 일반관리	**[총무]** • 구성원이 업무에 집중할 수 있도록 사무환경을 관리하고 다양한 편의를 제공한다. • 구성원의 업무활동에 필요한 비품, 소모품을 제공하고 회사의 각종 자산(생산설비 외)를 관리한다. • 주요업무로 사무환경 구축, 자산관리, 행사/의전 등의 업무가 있다. **[구매]** • 제품 생산에 필요한 자재 또는 장비를 적절한 가격으로 구매하고 이를 적시에 제공하는 역할을 수행한다. • 구매계획 수립, 구매관리, 공급업체 관리, 자재관리 등을 수행한다.
재무/ 회계	• 재무적 안정성을 확보하기 위하여, M&A, 증자 등 주요 재무 Project 를 사전에 분석 및 점검하고 Risk 최소화를 위한 방안을 도출한다. • 실행계획을 수립하여 실행하며, 공정위, 세법 등 당사와 관련된 GR관련 Risk 관리업무를 수행한다. • 재무제표 작성, 법인결산, 세무업무, 각종 감사업무, 전표업무 등 전사 회계업무를 수행하며, 실적에 대한 Issue를 도출하고 경쟁사비교를 통한 해결방안을 모색한다. 또한 새로이 발생하는 거래형태에 대한 회계처리Process를 정립토록 한다.

MIS/ 전산	• 경영정보 시스템 구축, 자원 관리, 전산 시스템 운영, 통신 시스템 운영, 전사 보안 업무를 담당한다. • 고객의 정보를 파악하고 분석하여, 기업의 비즈니스와의 연계 관리 할 수 있는 정보시스템을 설계한다. • 인사, 생산, 구매, 자산, 회계, 재무 등을 관리하는 시스템을 직접 또는 ERP솔루션을 도입하여 구축하고 관리한다. • 그룹웨어, 이메일시스템, 정보저장소 등 회사의 업무용 시스템을 구축/관리한다.
홍보	• 기업과 서비스의 대외적인 가치를 제고하는데 기여하기 위해서, 언론매체를 대상으로 회사의 사업과 관련된 각종 보도자료 작성 및 배포, 회사 이미지 관리, 취재협조, 뉴스클리핑 업무 등의 PR업무를 수행한다. • 언론 매체 대응, 기업 이미지 광고, CI 관리, 경영자료 관리, 보도자료 작성, 언론 모니터링/리스크 관리, 사보 관리 등의 일을 한다.
법무	• 경영활동에 있어서 법적 안정성을 확보하고, 회사 이윤극대화에 실질적으로 기여하기 위하여 법인관리(주총, 이사회 지원 등), 법률 자문(사업 관련 legal issue검토, 계약검토 등)을 수행한다. • 사업 관련 각종 Claim처리, 지적재산권 관리(지재권 출원/등록, 지재권 관련 claim처리 등)업무를 수행한다. • 소송을 최대한 회사에 유리하도록 소송전략을 수립하고 관리한다.

가치가 있는 일인지,
그 가치에 만족하는지 미리 고민하라

실제 직장에서 많은 분들이 겪는 어려움은 보상의 크기이다. 꿈을 따라 선택을 한 일인데 업계의 상황, 부가가치 등으로 현실적인 벽에 부딪치는 경우를 많이 보았다.

많은 분들이 이런 고민이 없이 어떤 일을 선택하는 경우를 많이 보았는데 선택을 위해서는 자신이 그 선택의 결과를 감당할 수 있어야 한다.

자신이 그 일을 하면 몰입이 되고, 즐거운데 그 일의 보상이 낮은 경우 여러분은 어떻게 할 것인가?

이를 위해서 미션이 명확히 설정이 될 필요가 있다. 남들 같은 보상은 아니지만 일을 하는 행복감이 더 크고 좋다면 충분히 그 일을 선택할 수 있다.

얼마 전에 한 대학교에서 요청이 와서 학생들이 쓴 자기소개서를 가지고 모의면접을 보는 프로그램에 참여해서 코칭을 해 준 적이 있었다. 학교에서는 가장 우수한 학생 1명을 정해 달라고 했는데 필자는 사회복지 분야 진출을 준비한 학생을 선택했다. 왜 그랬을까?

그 학생은 사회복지 분야로 진출하기 위한 모든 스펙을 가지고 있었다. 고등학교 때부터 계속 되어온 체계적인 봉사활동과 다양한 체험 사례, 관련한 자격증, 자신의 미션/비전 등이 아주 아름답게 준비가 되어 있었다.

필자는 면접을 볼 때 그 학생에게 물었다.

"참 준비가 잘 되어 있는데 사회복지분야의 보상이 다른 분야 보다 낮은데 감당하실 수 있나요?"

"네. 충분히 고민이 되었습니다. 저는 이 일을 할 때 행복감이 느껴지고, 그것으로 보상이 낮은 부분을 충분히 감내할 수 있다고 생각합니다."

많은 분들이 필자에게 그 동안 면접을 본 사람들 중에 누가 가장 기억에 남느냐고 묻는데 저는 이 학생이라고 말하고 싶다. 빛나는 눈으로 자신의 체험과 꿈을 설명하는 학생의 모습이 참 아름다웠다.

이 정도의 각오가 있어야 작은 보상도 감내할 수 있다. 그런데 신기한 것은 그 일의 보상이 지금은 낮아도 사회적으로 주는 부가가치가 크다면 장기적으로 많은 보상이 돌아 올 수도 있다는 것이다.

필자가 근무했던 인터넷/게임/모바일 분야에서도 이런 일이 많이 벌어졌는데 15년전에는 SI사업이 IT에서는 가장 중요시되고 연봉도 높았고, NHN, 엔씨소프트 등은 그 당시 보상이나 복지가 좋지 않았다. 그런데 세상에 주는 가치가 점차 커지자 지금은 어느 대기업보다도 좋은 보상과 복지를 제공하고 있다.

또 다른 예로 모바일 분야는 예전에 통신사 피쳐폰에 들어가는 모바일게임을 만들어서 많이 영세했었는데 최근 스마트폰이 대중화되고 모바일메신저와 결합되어서 엄청나게 큰 시장이 형성되었다.

이런 사례들을 볼 때 세상에 주는 부가가치가 높다면 지금 연봉이 낮더라도 길게 보면 좋은 보상을 받을 수 있다는 점도 잘 인지를 해야 한다.

또 현금을 창출하는 부가가치가 작더라도 세상에 반드시 필요한 일이 있다. 그 일을 할 때 정말 행복하다면 또 다른 관점에서 자아실현을 이룬 삶을 살 수 있다. 이를 위해서 반드시 내가 감내할 수 있는지 미리 고민해 보아야 한다. 그렇지 않다면 다른 친구들과의 비교로 밤새 잠을 못 이루는 경우가 발생할 수 있다.

마지막으로 꼭 드리고 싶은 말은 가치를 추구하는 사람에게는 명예나 보상 등이 따라 오고, 거꾸로 명예, 보상 등을 추구하는 사람에게는 비교의 괴로움이 찾아 온다는 것이다.

예전에 에버노트 창업자의 인터뷰를 보았는데 거기에 나온 핵심이 남하고 경쟁하지 않고 내가 만들고 싶은 것을 만든다는 것이었다. 가치를 추구하는 사람에게는 반드시 기회가 찾아온다.

명상, 산책, 여행을 활용하여 머릿속이 시원할 때 선택하라

미국의 전설적인 광고기획자 제임스 웹 영이 지은 《손에 잡히는 아이디어》라는 작은 책자에는 아이디어를 산출하는 비법이 적혀 있다. 요약해 보면 아래와 같다.

1. 현안문제에 관한 자료와 일반적 지식을 체계적으로 풍부하게 수집하고 수집한 자료들을 충분히 검토하며 예민한 감각으로 느끼고 그들의 관계에 대해 음미한다.
2. 이 때 떠오르는 생각들을 빠짐없이 기록하고 말로 표현한다.
3. 그리고는 그 주제에 대해 완전히 잊는다! 아이디어는 무의식 속에서 숙성되기 때문이다.
4. 유레카! 하면서 아이디어가 튀어나온다.
5. 뚝딱 튀어나온 IDEA는 다른 현명한 사람들의 비평을 받아 더 다듬어 현실로 만든다.

이 비법을 공개하면서 제임스 웹 영은 걱정하지 않는다고 했다. 왜냐하면 이렇게 하는 사람은 거의 없기 때문이다. 별로 어려운 방법도 아닌데 이렇게 하는 사람이 많지 않은 것이 현실이다. 이 방법의 핵심을 살펴 보면 정보수집 + 재조합이라는 두 가지 측면을 가지는 것을 알 수 있다. 과거부터 현재까지의 다양한 정보를 수집하고 그것을 분류하고 음미하면서 자연스럽게 무의식에 저장하고, 휴식/산책 등으로 마음을 한번 리셋해 주면 새로운 재조합이 나오는 방식이다. 최근 미국의 뇌과학자가 밝혀 낸 것은 마음을 비운 상태를 자주 경험해야 창의적인 생각이 나온다고 한다. 이러한 상태를 〈디폴트 모드 네트워크〉라고 명명하고 있다.

직업이나 직무를 선택하는 데에도 이것이 아주 중요하다. 인생의 가장 중요한 선택이기 때문에 반드시 이 방법을 취해야 한다. 사람이 어떤 판단을 하지 못하는 가장 중요한 이유는 정보가 부족해서이다. 학생들도 인터넷 카페나 주위 친구, 선배들로부터 정확하지 못한 정보를 수집해서 선택하려고 하기 때문에 정보가 많이 부족해서 결국 판단을 하지 못하고, 막연하게 스펙을 높이는 데 집중하는 경향이 발생을 한다. 자신이 미래를 선택하기에 충분한 정보를 모았는가? 이 책을 읽는 학생이 만약 대학 1~3학년이라면 인턴, 세미나, 현직에 있는 선배 인터뷰 등등 적극적으로 발로 뛰면서 정보를 수집하라. 수집된 정보와 체험이 많을 수록 더욱 자명하게 선택할 수 있다. 정보가 부족하다면 선택에 확신이 부족해진다. 그렇다고 정보가 모아진다고 자명한 선택이 되는 것은 아니다. 마음의 가장 순수한 영역, 즉 양심에서 선명하게 맞다라는 느낌을 얻어야 자신의 인생에서 진정한 미션(사명)을 알게 되고 그에 따라서 직업을 선택할 수 있게 된다. 자명한 느낌이 아니고 좀 찜찜한 구석이 있다면 자신의 선택에 대해서 좀 더 고민을 해 보아야 한다.

수집된 정보를 가장 자명하게 재조합 하여 최선의 답을 산출하기 위해서는 주기적으로 마음을 리셋하여 초기화하는 것이 중요하다.

"컴퓨터에 창을 많이 띄워 놓으면 어떻게 될까요?" 이런 질문에 90% 이상의 사람들은 한마디로 "느려진다"고 말한다. 그렇다. 느려진다. 이와 동일하게 생각을 우리의 의식의 공간에 많이 띄워 놓으면 마음의 성능이 저하된다. 우리의 마음의 구조를 그리자면 상당히 복잡할 수도 있지만 쉽게 생각해 보면 아래와 같다. 생각 – 컴퓨터 창(작업), 의식 – 작업공간(RAM), 컴퓨터를 잘 돌게 하려면 많이 띄워 놓은 창을 닫거나, 아예 컴퓨터를 리셋, 즉 껐다가 다시 켜듯이 생각을 내려 놓고 마음을 리셋하는 것을 주기적으로 하는 것이 중요하다. 그럼 신기하게 더 좋은 생각과 아이디어가 산출되게 된다.

이런 리셋을 도와주는 것이 바로 명상, 산책, 여행이다. 주기적으로 이런 활동을 한다면 머릿속에는 세로토닌이 나와서 은은한 행복감을 주면서 시원한 느낌이 드는 선택을 할 수 있다.

명상을 바로 해 보려면 [네이버 카페 홍익학당]에서 제공하는 10분 호흡 명상 파일을 추천한다. 팟캐스트(http://goo.gl/SIyLf0)에서 다운받아서 바로 스마트폰으로 틀어 놓고 따라 하면 명상상태에 들어 갈 수 있다. 10분 명상이 끝난 후에 머리가 맑을 때 잠시 앉아서 '어떤 직업(직무)를 선택하면 내 인생이 행복할까?'라고 물어 보라. 자주 자주 반복하다 보면 위의 제임스 웹 영이 말한 것처럼 "유레카!" 하면서 섬광처럼 자명한 생각이 나게 된다. 방법은 아래와 같다.

1. 편안하게 의자, 소파, 방석 위에 앉는다. 등을 벽에 기대도 좋다.
2. 긴장을 풀고 몸에 힘을 빼고 스마트폰의 음성파일을 틀고 음성의 유도에 편안하게 맡긴다.
3. 딴 생각이 나면 '괜찮아!'라고 하면서 지금 딱 좋다고 한다.
4. 10분 파일이 끝나고 마음이 편안할 때 '어떤 직업(직무)를 선택하면 내 인생이 행복할까?'라고 물어 본다.

이런 것을 종이나 스마트폰 메모장에 적어 놓으면 된다.

산책도 동일한 효과를 볼 수 있다. 생각이 많은 스타일들은 산책이 효과적일 수 있다. 예전에 아리스토텔레스는 뤼케이온이라는 자신의 학교에서 제자들과 거닐면서 철학을 논했기 때문에 '소요학파'라는 별명이 붙었다고 한다. 생각을 정리하기에 산책은 좋은 방법이다. 산책을 잘 하는 방법은 아래와 같다.

1. 걸으면서 우선 가볍게 시선을 정면에 고정시킨 후에 눈앞의 전체적인 광경을 통으로 느껴본다.
2. 이렇게 하면서 마음속으로 '딱 좋다!'라고 하면서 '지금 이순간! 딱 좋다!'라고 몇 번 반복해 본다.
3. 마음이 편안해 지고 기분이 좋을 때 '어떤 직업(직무)를 선택하면 내 인생이 행복할까?'라고 물어 본다.
4. 생각하다가 마음이 좀 복잡해 지면 다시 1~3번의 과정을 반복한다.

여행도 좋은 효과를 볼 수 있다. 하루 정도 혼자만의 근교여행을 다녀 오는 것도 좋은 선택이다. 대부분 주변에 인터넷 게임, 친구, TV 등이 도사리고 있기 때문에 어떤 한가지 주제로 생각을 깊이 있게 오래 하기 쉽지가 않다. 이럴 때 근교에 혼자만의 여행을 다녀오면 1일을 꼬박 자신의 미래를 위한 생각에 투자할 수 있게 된다. 대부분의 사람은 10분, 길어야 30분 정도 생각하다가 다른 주제로 넘어가기 때문에 답을 못 얻을 때가 많다. 이러한 여행은 단 하루면 충분하다. 물론 어떤 사람에게는 이러한 일이 거북하게 느껴질 수도 있다. 여태 해본 적이 없었던 일이니 당연하다. 나 역시 처음에는 상당히 불편했던 것이 사실이다.

하지만 여러분의 인생방향을 결정하기 위해서는 반드시 거쳐야 할 과정이다. 또한 반드시 혼자 떠나야 한다! 이 책 한 권과 간단한 필기구만 가지고 조용히 생각해 볼 수 있는 곳으로 떠나라. 마음을 편하게 하고 자신의 지나온 시절을 돌아보고, 앞으로의 계획을 적어보자. 한 번으로 부족하다면 두세 번 가는 것도 좋다. 이러한 여행을 통해서 인생의 방향과 비전 등을 정했다면 여러분은 이미 절반의 성공을 거둔 것이다. 아직도 많은 사람들이 강의실 또는 도서관에서 막연한 두려움에 떨며 토익이나 자격증 취득에만 매달려 있음을 생각한다면… 여행을 통해 직업에 대한 생각을 정리하는 방법은 아래와 같다.

1. 우선 조용히 생각할 수 있는 곳을 찾는다. 산이나 바닷가 등 마음을 편하게 해주는 곳이라면 어디라도 OK! 단, 이 책 한 권과 수첩, 부드럽게 써지는 펜 하나는 필수!

2. 도착했다면 이제 지나온 날들을 돌아보자. 초등학교, 중학교, 고등학교, 대학교… 나의 꿈은 무엇이었나? 무엇을 좋아했고, 무엇을 잘 했었나? 아직도 그 꿈은 유효한가? 따스한 캔 커피 하나가 생각을 도울 수도 있다.

3. 자, 이제 하고 싶은 일을 생각할 때가 왔다! 현재 나의 위치는 중요하지 않다. 그것은 나중에 전략을 세울 때 고민하면 그만이다. 꿈에만 집중하자. 5년 후 나의 이미지를 그려보자. 어떤 일을 하며 어떻게 살고 있을까? 어떤 일을 하면 행복할까?

4. 자, 다시 한번 생각해 보자. 지금의 꿈이 진실로 원하던 바로 그것이었나? 확신이 없다면 절대로 결론 지어서는 안 된다. 혼돈이 생긴다면 당장 생각을 멈춰라. 다시 생각을 가다듬기 위해 산책을 하든지, 눕든지, 경치를 구경하든지, 지나가는 사람들을 바라보자.

5. 확신이 섰는가? 그렇다면 가져온 수첩을 꺼내 나와의 계약서를 작성하자. 계약내용은 단 한 줄! '○○에서 ○○일을 한다'면 충분하다. 단순히 '○○일을 한다'고 써도 상관없다.

6. 비로소 내가 갈 길이 정해졌다. 목적지가 생긴 것이다. 뒤에서 제공하는 인생계획서 양식으로 다듬어서 책상 앞, 일기장, 수첩, 핸드폰 화면 등 보이는 곳마다 붙여 놓자. 항상 뇌리에서 떠나지 않도록. 그리고 잠 들기 전에는 항상 5년 후 나의 모습을 그려보자.

이상과 같이 명상, 산책, 여행 3가지 방법을 이야기 했는데 3가지 방법을 골고루 쓰면 효과적이다. 한 가지 방법이 더 있다. 필자가 많이 쓰는 방법인데 컴퓨터에 수양록이나 산문을 적으면서 생각을 정리하는 방법이다.

마음 속으로 생각한 것을 일기나 수필처럼 쭉 적다가 보면 생각이 정리가 된다. 몇 가지 '경우의 수'도 분석이 되고 내가 선택할 수 있는 가장 자명한 것이 무엇인지 드러나게 된다. 이 책을 읽으면서 필요한 정보를 흡수하고, 다양한 정보를 수집한 뒤에 이상의 4가지 방법을 혼합하여 활용하면 반드시 머리 속에 확실히 꽂힌 자신의 일을 선택할 수 있을 것이다.

자기사명서(Mission Statement)를 반드시 글로 남겨라.

예일대학교에서 조사한 결과 자신의 목표를 글로 쓴 학생 3%가 소유한 재산이 다른 97%의 학생들 보다 많았다는 연구결과도 있고, 하버드대학 출신자도 글로 쓴 목표가 있는 5%가 나머지 95%가 이룬 성과보다 크다는 연구결과도 있다고 한다.

이만큼 자신의 목표를 글로 적는 것이 정말 중요하다. 필자는 다양한 조직과 기업에 강의를 나간 경험이 있는데 놀란 것은 직장생활을 하는 상당수가 자신의 인생 목표를 글로 기록하지 않았다는 것이다. 그냥 머리 속으로 대충 헤아리던지 아니면 그런 관심조차 없는 경우가 많았다.

만약 대학교 저학년 때, 늦어도 4학년 때 자신의 인생의 방향성을 명확히 설정할 수 있다면 그는 반드시 성공할 것이다. 필자가 자아실현에 대한 강의를 하는데 한 분이 물었다.

"회사 생활을 하다가 보면 인사를 올바르지 않은 방향으로 이끄는 CEO도 만났을 텐데 어떻게 극복을 하셨나요? 그때 미션하고 어떻게 부합하셨나요?"

그래서 필자는 아래와 같이 답을 드렸다.

"저의 사명(미션)은 제가 체험하고 경험한 것을 정리해서 세상에 알려 문화세계 창조에 기여한다고 정리를 해 놓았었습니다. 제가 올바른 방향으로 인사제도를 만들기 위해 최선을 다하되 CEO께서 자신의 방향으로 밀어 붙이는 경우는 배운다는 마음으로 접근을 했습니다. 성공/실패 사례를 다 배운다는 마음으로요."

이처럼 어떤 행동을 할 때 사명서는 헌법과 같은 지침을 제공해 준다. 사명서가 있는 사람의 행동과 없는 사람의 행동은 미세하게 점차 달라져 가고 시간이 흐르면 큰 격차를 보이게 된다.

그럼 자기사명서는 어떻게 써야 할까? 예전에 사명서를 쓰는 워크샵에 참여도 해보고 다양한 책도 보았지만 대부분 서술식으로 막연하게 기술이 되어 있어서 접근하기 어려웠다. 그리고 써 놓은 것들을 보니 비전수준에서 머무른 것도 있고, 아예 목표 정도를 사명서라고 적어 놓은 것이 많다는 것을 발견했다.

그래서 좀 더 쉽게 자기사명서를 쓸 수 있는 방법이 없을까 고민을 하다가 필자는 아래와 같은 양식을 고안해 보았다. 이 양식의 원리는 회사 사업계획을 세우듯이 'OOO'라는 개인을 1인 기업으로 보고 쓰는 방식이다. 이 양식은 누구나 쉽게 쓸 수 있고, 구조적으로 쓸 수 있기 때문에 효과성이 높다. 세계적으로 성공한 사람들은 대부분 자신의 미션이 명확하다. 세계적인 그룹인 버진그룹의 CEO 리처드 브랜슨은 그의 저서 《비즈니스 발가벗기기》에서 누가 주는 상이나 다른 사람의 승인으로 측정되는 탁월함 보다는 세상에 무엇을 제공할 수 있는지 탐구함으로써 자기 자신을 위해 성취할 수 있는 탁월함이 중요하다고 이야기 한다. 이러한 것이 바로 미션/비전이다. 최근 세계적으로 유명한 테슬라 CEO 엘런 머스크의 미션/비전/전략을 다음과 같은 예시로 정리해 보았다.

LIFE PLAN

작성일자:

작성자	
미션 (세상에 주는 부가가치)	
비전 (미션을 달성하기 위해 구체적으로 묘사된 중장기적인 나의 꿈)	3년 : 5년 : 10년 : 20년 : 30년 :
전략 (현재모습과 3년뒤 비전과의 GAP을 메우기 위한 선택과 집중의 방향)	
실행계획	2016년 2017년 2018년 2019년 2020년

〈표II-3〉자기사명서 양식

미션	지구의 인류를 환경오염과 자원고갈의 위기에서 구하기
비젼	• 1단계 : 페이팔의 매각으로 1억 6,500만 달러의 자금 확보 • 2단계 : 전기 자동차의 상용화와 태양광 에너지의 보급 • 3단계 : 인류를 화성으로 보낼 우주 로켓의 개발
전략	**테슬라** • 상용화된 리튬 이온 배터리를 활용해 안정화된 배터리팩 개발 • 자체 바닥 전면에 배터리를 깔아 1회 충전으로 500km를 달릴 수 있는 전기 자동차 개발 • 세계 최대의 리튬 이온 배터리 공장인 기가팩토리를 세워 배터리 가격 낮추기 **솔라시티** • 태양광 에너지를 보급해 화석연료 의존도 낮추기 • 태양광 패널 무상 설치, 20년 장기 임대 개념을 도입해 태양광 에너지의 보급률 높이기 **스페이스X** • 로켓의 재활용을 통해 로켓 발사비용을 획기적으로 낮추기 • 화성에 인류를 보내는 멀티 플래닛 프로젝트 실현 (팰컨 헤비의 개발)

〈그림II-7〉 엘런 머스크의 미션/비젼/전략

사명서를 쓰는 방법은 아래와 같다.

1. 우선 자신이 세상에 주고 싶은 가치(미션, 부가가치)가 무엇인지 고민해서 적어 보아라. 잘 적을 필요는 없다. 계속 업데이트 해가면 된다. 예를 들어서 아래와 같이 적어 보는 것이다.

    "사람에 대한 다양한 체험 속에서 얻어진 정보를 체계화하여 전파하여 문화세계 창조에 기여"

2. 이러한 미션을 달성하기 위해서 자신이 5년, 10년 뒤에 어떤 모습이 되어 있고 싶은지 적어 보아라. 구체적으로 이미지가 그려질 정도로 써 보아라. 5년뒤 안드로이드 개발 시니어, 10년뒤 시스템아키텍쳐 등으로 직무에서의 수준과 매칭시켜서 적으면 좋다.

3. 전략은 현재의 자신의 모습과 미래 달성하고 싶은 꿈인 비전과의 갭을 어떻게 에너지를 집중해서 메꿀 것인지에 대한 내용이다. 예를 들어서 아래와 같이 작성해 볼 수 있다.
"현재 대학에서 컴퓨터 공학을 전공하지 못한 안드로이드 초짜 개발자로서 빨리 모바일 개발 분야에 취업해서 실무경험을 쌓으면서 회사에서 인정을 받아 대학원에 진학하여 부족한 전공지식을 확보하고, 그 뒤 해외서비스를 제공하는 일을 얻어서 데이터베이스, 서버, 네트워크 등이 포괄된 시스템을 초기부터 기획/개발하여 시스템아키텍트로 성장하겠다."

4. 이러한 전략을 달성하기 위한 연도별 또는 일정기간별 Action Plan이 바로 계획이다. 보통 3~5개년 정도를 작성하면 좋다. 예를 들어서 아래와 같이 작성한다.
2014년 – 학원에서 OO언어를 배우고, 우선 OOO 정도 되는 회사규모에서 일을 시작하도록 준비
2015년 – 본인의 개발비중이 50%가 넘는 앱 제작 및 구글스토어 공개, 외국인과 대화 가능한 수준의 영어공부

2016년 – 회사에서 인정받아 대학원 진학 배려 받음.

5. 처음부터 잘 쓰려고 하면 포기하게 된다. 그냥 생각나는 데로 정리하고 버전 1.0 등으로 버전을 붙이고 주기적으로 업데이트를 해라. 그러면서 점차 살을 붙여가라. 회사를 창업하려고 쓰는 사업계획서도 버전이 수십개인데 자신의 미래 계획을 단 한번에 쓸 수 있겠는가? 누가 보는 것이 아니니 꾸준히 업데이트를 해 나가라.

필자가 체험해 보니 계획한 것을 100% 달성하기는 어렵지만 70~80%는 충분히 달성이 가능하다. 계획이 정확하지 않아서 문제이지 계획만 정확하다면 달성도는 올라간다.

꿈을 크게 먹는다면 그 꿈의 70~80%는 분명히 달성이 가능하다. 따라서 계획을 달성하지 못할까 걱정되어서 머리속으로만 고민하지 말고 반드시 문서화하라. 그것이 성공의 비결이다.

보통 워크샵을 해 보면 맘 잡고 쓰면 15분이면 이 양식의 1차 버전을 만드는 경우를 많이 보았다. 무조건 1차버전을 빨리 만드는 것이 성공의 핵심이다. 이 책을 읽는 독자들은 꼭 한번 써보길 권한다.

Day 3

7
6
5
4
3
2
1

Day 3 기업(업종) 결정하기

30대 대기업 찾아보기

기업(업종) 결정하기에 앞서 우리나라 공식적인 30대 대기업에 대해 알아보자. 공식적으로 30대 대기업이라 하면, 공정한 시장질서 구축을 위해 정부에서 정한 자산기준으로 기업집단을 선정하여 순위를 정한 사실상 우리나라의 재벌순위에 해당한다. 2015년 30대 대기업의 순위는 아래와 같다.

그렇다고 30대 대기업이 전부는 아니다. 30대 기업집단에 포함되지 않은 IT기업(네이버, 카카오, 넥슨, 엔씨소프트 등)도 취업시장에서 우선 노려야 한다. 이들 기업의 채용활동을 보는 이유는 단 한가지이다. 이들 기업들이 취업시장에서 기준이 되기 때문이다.

(단위:10억원)

순위	2015년	계열사	자산	매출액
1	삼성	67	351,533	302,897
2	현대자동차	51	194,093	165,631
3	SK	82	152,388	165,469
4	LG	63	105,519	115,926
5	롯데	80	93,407	66,723
6	포스코	51	84,545	72,094
7	GS	79	58,506	63,491
8	현대중공업	27	57,472	58,622
9	한진	46	38,382	23,268
10	한화	52	37,954	36,924
11	KT	50	34,503	27,492
12	두산	22	33,073	15,983
13	신세계	29	27,010	17,612
14	CJ	65	24,608	18,527
15	LS	48	20,975	25,508
16	대우조선해양	18	19,964	17,110
17	금호아시아나	26	18,828	16,835
18	대림	24	17,293	14,803
19	부영	15	16,805	2,483
20	동부	53	14,627	23,319
21	현대	20	12,566	10,606
22	현대백화점	32	12,151	6,044
23	OCI	26	12,007	5,877
24	효성	45	11,190	11,939
25	대우건설	13	10,481	10,223
26	S-Oil	2	10,338	28,830
27	영풍	22	10,311	7,757
28	KCC	9	10,185	4,564
29	미래에셋	31	9,991	7,772
30	동국제강	14	9,780	6,562

30대 기업 인재상 참고하기

1. 삼성그룹

•• 열정과 몰입으로 미래에 도전하는 인재

일에 대한 열정과 조직에 대한 일체감 및 자부심을 갖고 미래에 도전하는 인재를 말합니다. 업무열정, 공동체의식, 올바른 가치관을 지니며, 책임감과 프로의식을 갖고 끊임없이 도전하고 성장하는 사람입니다.

•• 학습과 창조로 세상을 변화시키는 인재

자기주도적으로 학습하고 창의적 감성과 상상력을 발휘하여 변화를 창조하는 인재를 말합니다. 폭넓은 경험과 학습을 통해 전문성을 키우고, 다양하고 독창적인 발상, 영감, 상상력을 발휘하여 더 나은 세상을 창조하는 사람입니다.

•• 열린 마음으로 소통하고 협업하는 인재

세대, 계층, 지역간 벽을 넘어 공간적 소통과 개방적 협업으로 새로운 가치를 창출하는 인재를 말합니다. 열린 생각과 마음으로 다양성을 수용하여 세계와 소통하고 동료, 이웃, 사회와 협력하여 신뢰를 쌓음으로써 인류에 공헌하는 새로운 가치를 만들어 내는 사람입니다.

2. 현대자동차

•• 현지의 정책을 이해하고 새로운 방식으로 고객에게 다가가는 인재

영국 정부의 폐차인센티브 프로그램과 연계한 Trade and Upgrade 프로그램! 중고차를 업그레이드한 신차로의 교환을 보조하여 2010년 영국 판매 브랜드 중 가장 큰 성장을 기록했답니다.

•• 현지의 문화를 이해하고 고객과 함께 하는 인재

이슬람 의식 중 하나인 '라마단'을 아시나요? 낮엔 자고 밤엔 다같이 즐기는 이 시기에 낮에 차를 팔 수는 없겠죠? 업계 최초로 밤에 문을 열고 고객과 축제를 즐기는 혁신적 방법으로 시장 점유율을 크게 높이기도 하였습니다.

•• 기존의 생각을 비우고 새로운 것에 도전하는 인재

국내최초 비대칭 디자인 차량인 벨로스터! 운전자 쪽에는 문이 하나, 반대쪽에는 문이 두개라니… 세계의 주목을 받고 있는 차량, 선전을 기대합니다.

•• 고객의 입장에서 생각하여 새로운 가능성을 여는 인재

월스트리트 저널이 선정한 최고의 마케팅인 Assurance Program! 차량 구입 고객이 실직했을 경우 차를 다시 사주어 북미에서 큰 호응을 얻었답니다.

•• 고객의 아픔을 함께 나누고 새로운 희망을 만드는 인재

2010년 칠레 대지진으로 수많은 이들이 아파했었죠. 당시 현대자동차를 구입하는 차량가격의 2%를 고객들의 이름으로 기부를 하였고 이 프로그램을 통하여 브랜드 이미지를 크게 상승시켰답니다.

3. SK

SK 구성원이 반드시 갖춰야 할 가치 기준과 행동 규범이며, 행동과 의사결정의 기준으로 삼는 SK Value에 부합하고, SK에서 일 잘하는 사람들이 갖춰야 할 능력인 Success Potential을 갖춘 인재

•• SK Values
- Passion : 항상 높은 의욕 수준과 할 수 있다는 확실한 신념을 가지고 주도적이고 적극적인 자세로 일을 수행함.
- Love : 모든 일상 경영 활동에 있어 회사, 구성원, 고객에 대한 애정을 가지고 임함.
- Challenge : 현실에 안주하지 않고 끊임없이 더 높은 수준의 목표를 위해 도전하고 이를 끝까지 완수해 내려고 함.
- Innovation : 기존 방식에서 탈피하여 다양하고 창의적인 방법을 끊임없이 모색하고 변화를 주도함.
- Integrity : 명확한 공사구분과 높은 수준의 정직과 윤리의식을 가지고 경영활동에 임함.

··· Accountability : 자신이 맡은 업무를 반드시 완수해내고, 그 결과에 대해서는 책임지려고 함.

•• Success Potential
··· **창의적 문제해결** : 더 향상된 결과를 위해, 폭넓은 시각에서 다양한 관점을 통합해 새로운 해결안을 제시함.
··· **과감한 실행** : 조직의 성공을 위해, 계획된 것은 즉각적으로 실행하고, 개인적인 Risk가 있더라도 과감하게 추진함.
··· **상호성장 추구** : 상호성장하기 위해, 자신의 지식과 경험을 개방적으로 공유하고, 타인에게 건전한 자극과 피드백을 제공함.
··· **최고 전문성 추구** : 자기가 맡은 분야와 관련된 지식과 정보를 빠르게 학습하고 자신의 분야에서 최고가 되고자 함.

4. LG

LG Way에 대한 신념과 실행력을 겸비한 인재

··· 꿈과 열정을 가지고 세계 최고에 도전하는 인재
··· 고객을 최우선으로 생각하고 끊임없이 혁신하는 인재
··· 팀워크를 이루며 자율적이고 창의적으로 일하는 인재
··· 꾸준히 실력을 배양하여 정정당당하게 경쟁하는 인재

5. 롯데

- **고객중심** 핵심사업과 브랜드에 집중 투자하여 시장의 리더가 되라!
- **창의성** 고정관념에 사로잡혀 있지 않은지 스스로 점검하고 끊임없는 혁신을 통해 새로운 사업기회를 모색하여 다양성이 존중 받는 조직으로 만들어 가는 것, 즉 미래의 경쟁력을 준비하는 방식입니다.
- **협력** 장기적으로 이익을 가져올 수 있는 관점에서 이해관계자들과 동반자적 관계를 형성하여 더 큰 시너지를 창출하는 것으로 미래를 함께 만들어가는 방식입니다.
- **책임감** 스스로의 일에 주인이라는 생각을 갖고 정직한 방법으로 주어진 업무를 완수하여 최고의 성과를 이루어 내는 것으로 우리의 노력을 완성하는 방식입니다.
- **열정** 불가능은 없다는 도전정신으로 더 높은 목표를 달성하기 위해 끝까지 추진하여 업계 최고 전문가와 글로벌 리더의 위치를 차지하는 것으로 두려움 없이 일에 몰두하게 하는 행동의 출발점입니다.

6. 포스코

- **세계인** 세계인은 세계 무대에서 활약할 수 있는 글로벌 역량과 다양성을 존중하는 열린 사고를 가진 인재를 말합니다.
  - **글로벌 역량** : 글로벌 시대를 이끌어 나갈 수 있는 국제감각, 비즈니스 매너, 어학 및 IT 등 커뮤니케이션 능력
  - **개방성** : 열린 사고와 행동으로 다양성과 차이를 존중하고 배려함으

로써 신뢰관계를 형성하는 자질

- **창조인** 창조인은 최고 수준의 목표를 달성하기 위해 불굴의 의지와 열정으로 끊임없이 도전하고, 독특한 시각과 접근으로 새로운 가치를 창출하는 인재를 말합니다.
- ⋯ **도전정신** : 최고가 되기 위해 스스로 높은 수준의 목표를 추구하고 어떠한 난관에도 굴하지 않는 의지와 열정
- ⋯ **창의력** : 현상과 문제를 새로운 관점에서 바라보고 분석하고 통합하여 독창적인 대안과 해결책을 제시하는 능력

- **실행인** 실행인은 자기 분야에 대한 전문적인 기술 및 식견과 건전한 직업의식을 가지고 맡겨진 임무를 끝까지 완수하는 인재를 말합니다.
- ⋯ **전문역량** : 자기 분야에 대한 전문적 기술 및 노하우, 폭넓은 안목과 식견
- ⋯ **직업의식** : 건전한 사고와 윤리의식을 갖추고 기본과 원칙에 충실하며 자신의 일에 긍지와 자부심을 가지고 주어진 과업을 끝까지 책임짐

7. GS (*계열사별 인재상 상이, 대표적인 계열사인 GS에너지와 GS건설)

1) GS에너지

- **신뢰** 자신의 역할을 다하며 서로 믿고 존중한다.

- **유연** 열린 사고와 행동으로 다양성을 추구한다.
- **도전** 높은 목표를 설정하고 과감하게 시도한다.
- **탁월** 구성원과 조직 모두가 최고를 지향한다.
- **선제행동 (Proactive)** 먼저 생각하고 앞서 실행한다.
- **상호협력 (Collaboration)** 대내외 지원과 역량을 결집한다.
- **성과창출 (Performance Driven)** 가시적인 성과를 창출한다.

2) GS건설
- **변화 (Great Innovation)** 창의적 발상으로, 나부터 바꾸자!
- **최고 (Great Challenge)** 도전과 열정으로, 최고가 되자!
- **신뢰 (Great Partnership)** 존중하고 소통하여, 함께 성장하자!

8. 현대중공업

- **창조적 실천인**

창조적 실천인은 최고에 도전하는 열정적인 인재, 세상을 바꿔 가는 혁신적인 인재, 정직을 실천하는 신뢰받는 인재로 규정할 수 있습니다.

… **최고에 도전하는 열정적인 인재** : 일에 대한 열정과 최고를 향한 도전으로 자신과 회사의 발전을 이끄는 사람입니다. 담대한 개척자 정신, 고객만족에 대한 열정, 철저한 프로의식과 책임감, 강인한 추진력으로 자신과 회사의 가치를 만들어 갑니다.

… **세상을 바꿔 가는 혁신적인 인재** : 즐거운 상상과 창의적 실천으로 긍정적 변화와 더 좋은 내일을 만드는 사람입니다. 폭넓은 경험과 학습, 남보다 앞선 통찰력과 열린 사고, 함께 하는 사람들을 북돋우는 용기로 혁신을 이끌고 더 나은 미래를 준비합니다.

… **정직을 실천하는 신뢰받는 인재** : 상대에 대한 존중과 배려, 열린 소통, 바르고 정직한 행동으로 든든한 믿음을 주는 사람입니다. 편견 없는 마음으로 다양성을 수용하고 공정하게 행동하며, 정직함과 청렴성을 바탕으로 동료, 이웃, 사회의 탄탄한 신뢰를 쌓아갑니다.

9. 한진

•• 창의와 신념을 가진 창조인
  세계화 시대를 리드할 진취인
  자기계발을 위해 끊임없이 노력하는 사람
  고정관념을 타파하며, 참신한 감각을 지닌 인재

•• 성의와 실천이 몸에 밴 행동인
  좌절하지 않는 불굴의 의지인
  예의를 존중하고 늘 겸손한 인재
  타인을 배려하고 조직에 잘 융화하는 인재

•• 책임과 봉사정신이 투철한 자유인

자율적 사고를 바탕으로 한 실천인

업계 최고를 위한 프로정신 겸비

조직과 사회에 자발적으로 헌신하는 인재

10. 한화

- **도전** 기존의 틀에 안주하고 않고 변화와 혁신을 통해 최고를 추구합니다.
  - ⋯ 맡은 분야에서 최고가 되기 위해 적극적으로 자신을 개발하는 사람
  - ⋯ 열린 사고와 창의적인 발상으로 새로운 방안과 기회를 찾아내는 사람
  - ⋯ 할 수 있다는 자신감으로 도전적인 목표를 설정하고 달성하는 사람

- **헌신** 회사, 고객, 동료와의 인연을 소중히 여기고 큰 목표를 위해 혼신의 힘을 다합니다.
  - ⋯ 우리를 먼저 생각하며 공동의 목표를 최우선으로 여기는 사람
  - ⋯ 고객과의 약속을 지키며 가치를 지속적으로 창출하는 사람
  - ⋯ 공동운명체 의식으로 서로의 가능성을 믿으며 협력하는 사람

- **정도** 자긍심을 바탕으로 원칙에 따라 바르고 공정하게 행동합니다.
  - ⋯ 눈앞의 이익에 흔들리지 않고 원칙에 따라 정직하게 행동하는 사람
  - ⋯ 공과 사를 구분하여 능력과 성과에 따라 공정하게 대우하는 사람

11. KT

기본과 원칙에 충실하며 고객 가치 실현을 위해 끊임없이 소통하며 근성을 가지고 도전하는 KT인

- **끊임없이 도전하는 인재** 시련과 역경에 굴하지 않고 목표를 향해 끊임없이 도전하여 최고의 수준을 달성한다. 변화와 혁신을 선도하여 차별화된 서비스를 구현한다.
- **벽 없이 소통하는 인재** 동료 간 적극적으로 소통하여 서로의 성장과 발전을 위해 끊임없이 노력한다. KT의 성공을 위해 상호 협력하여 시너지를 창출한다.
- **고객을 존중하는 인재** 모든 업무 수행에 있어 고객의 이익과 만족을 먼저 생각한다. 고객을 존중하고, 고객과의 약속을 반드시 지킨다.
- **기본과 원칙을 지키는 인재** 회사의 주인은 나라는 생각으로 자부심을 갖고 업무를 수행한다. 윤리적 판단에 따라 행동하며 결과에 대해 책임을 진다.

12. 두산

- 사람에 대해 진정으로 관심을 가지고 육성합니다. (Cultivating People)
- 인화를 실천합니다. (Inhwa)
- 끊임없이 올라가는 눈높이를 가집니다. (Limitless Aspiration)
- 상하좌우 열린 소통을 합니다. (Open Communication)

- · 현명한 근성을 가지고 무엇이든 해냅니다. (Tenacity & Drive)
- · 중요한 것의 해결에 집중합니다. (Prioritization & Focus)

13. 신세계
- · 고객을 존중하고 고객행복을 위해 헌신하는 인재
- · 앞선 감각으로 창의적인 변화를 주도하는 인재
- · 자신의 일에 긍지를 느끼고 열정적으로 일하는 인재

14. CJ
- · 정직하고 열정적이며 창의적인 인재
- · 글로벌 역량을 갖춘 인재
- · 전문성을 갖춘 인재

15. LS
- · **Positive** 밝은 기운과 긍정적 Mind를 갖추고 함께 일하는 사람들과 상생을 도모하며, 윤리적 절차와 기본을 준수하는 인재
- · **Creative** 창의력을 바탕으로 변화와 혁신을 추구하며 가치를 창출하고 Global 기업으로의 성장을 주도하는 인재
- · **Professional** 자신의 분야에서 최고가 되기 위해 꾸준히 노력하며

Global 감각을 보유하고 세계 무대에서 경쟁할 수 있는 전문성과 열정을 가진 인재

16. 대우조선해양

- **Creator** (창조적인 인재) DSME인은 일과 삶에 대한 창조적인 태도를 견지하며, 지속적인 학습과 자기계발을 통해 자신을 성장시키고 조직혁신에 기여합니다.
- **Communicator** (소통하는 인재) DSME인은 동료와 조직은 물론 고객, 지역사회와도 끊임없이 소통하는 따뜻한 마음을 가지고 있습니다.
- **Collaborator** (열린 인재) DSME인은 타인에 대한 열린 시각으로, 자신과 다른 생각을 겸허히 수용하고, 공존과 상생을 추구하며 협업합니다.
- **Challenger** (도전하는 인재) DSME인은 넘치는 자신감과 활력을 바탕으로 실패를 두려워하지 않고 도전하여, 위기와 고난을 슬기롭게 극복하고 결국 성취해냅니다.

17. 금호아시아나

- **성실하고 부지런한 사람** 정직하고 근면하며, 조직과 자신의 발전을 위해 매사에 꾸준히 노력하고, 행동이 빠른 사람
- **연구하고 공부하는 사람** 조직과 자신의 발전을 위해 매사 깊이 생각

하고 연구하며 공부함으로써 개선과 변화를 추진하는 사람
- **진지하고 적극적인 사람** 책임감과 진지한 자세로 조직과 자신의 발전을 위해 매사에 솔선수범하며 열정적으로 목적한 바를 끝까지 추진하는 사람

18. 대림

- 멀리 내다본다.
- 새로운 것을 찾는다.
- 자기 일에 으뜸이 된다.
- 팀워크를 이룬다.
- 고객을 잘 안다.
- 약속을 지킨다.
- 근검절약한다.

19. 부영

- 장인정신
- 도전정신
- 글로벌 마인드

20. 동부

- **창의 도전** 과거 관행에 얽매이지 않고 창의와 도전정신으로 변화와 미래를 선도해 가는 사람
- **전문성** 세계최고를 향해 진취적인 자세로 자신의 역량을 키우는 전문성을 갖춘 사람
- **글로벌 역량** 글로벌 경쟁 속에서 기업을 이끌 수 있는 글로벌 역량

을 갖춘 사람
- **신뢰 화합**　공동의 목적달성을 위해 타인과 신뢰를 형성하고 화합할 수 있는 사람

21. 현대

- **생각하고 행동하는 인재**

　미래를 예측하고 변화를 주도하는 현대인
　긍정적으로 생각하고 실천하는 현대인
　스스로 판단하고 행동하여 책임지는 현대인

- **부지런하고 곧은 성품의 인재**

　부단한 자기 계발로 항상 새로운 현대인
　부지런하고 검소한 현대인
　정직하고 예의 바른 현대인

- **따뜻한 마음을 지닌 인재**

　고객에게 헌신하는 현대인
　나라와 사회에 봉사하는 현대인
　환경을 생각하는 현대인
　서로 믿고 더불어 사는 현대인

22. 현대백화점

- **전문인** (Specialty) 맡은 분야에 대한 전문적 기술과 노하우뿐 아니라 폭넓은 안목·식견을 키워서 회사의 지속성장에 기여하는 전문인
- **창조인** (Unconventionality) 기존의 틀에서 벗어난 새로운 생각을 기반으로 발상과 인식의 전환을 통해 자율창의를 실현하는 창조인
- **도전인** (Pioneer) 뜨거운 열정으로 실패와 좌절을 두려워하지 않고 지속적으로 새로운 도전을 감행하는 역동적 도전인
- **도덕인** (Ethicality) 건전한 가치관과 윤리의식을 가진 책임감 있는 사회인으로서 사내 구성원, 고객, 협력사와의 상생추구를 통해 회사의 명예와 자긍심을 높이는 도덕인
- **책임인** (Responsibility) 고객지향적 입장에서 가족, 동료, 회사, 사회와의 약속을 지키며, 기업 구성원으로서의 역할과 책임을 다하는 책임인
- **실행인** (Behavior-based) 적극적인 자세와 강인한 추진력으로 업무 혁신을 실현하는 실행인

23. OCI

- **Chance**
  - Seize emerging opportunities : 잠재적인 기회를 찾아내기 위해 관심을 보이고, 새로운 기회를 포착하면 신속히 결단하여 경쟁력 확보에 힘쓴다.

··· Faster than market chance : 빠르게 변화하는 시장에 대한 정보를 신속히 파악하여 시의 적절히 대응한다.

·· **Challenge**
··· Innovative solution : 도전과 실패를 두려워하지 않으며, 문제 처리에 있어 관행적인 방식 보다는 새로운 방식을 선호하고, 능동적으로 행동한다.
··· Entrepreneurial thinking : 지속 가능한 가치를 추구하고, 고객의 니즈 충족과 회사 이익에 부합되는 대안을 효과적으로 제시한다.

·· **Change**
··· Global outlook : 국제동향에 주의를 기울이며, 외부 시장 변화에 주도적으로 대처한다.
··· Flexible and open mind : 다양한 문화와 사고방식에 대해 이해하고 공감하는 자세를 가진다.

24. 효성

Global Leader

·· **최고를 지향하는 사람** 끊임없는 학습과 실천을 통해 자신의 분야에서 최고의 전문성을 추구하는, '최고를 지향하는 사람'입니다.
·· **혁신을 실천하는 사람** 실패를 두려워하지 않고, 긍정적인 마인드로

변화를 선도하는, '혁신을 실천하는 사람'입니다.
- **책임을 다하는 사람**   주인의식과 열정을 가지고 악착같이 해내는, '책임을 다하는 사람'입니다.
- **신뢰를 쌓아가는 사람**   사실과 원칙에 입각하여 투명하고 공정하게 일하는, '신뢰를 쌓아가는 사람'입니다.

25. 대우건설

- **도전**   할 수 있다는 신념으로 더 높은 목표를 추구한다.
  변화에 대응하여 먼저 준비하고 앞서서 행동한다.
- **열정**   창의적 사고와 진취적 자세로 끊임없이 혁신한다.
  불굴의 의지로 혼신의 노력을 다한다.
- **자율**   질서와 절제를 존중하고 윤리규범을 준수한다.
  주인의식을 바탕으로 소신을 가지고 솔선수범한다.
- **책임**   해야 할 일은 스스로 판단하여 즉시 실천에 옮긴다.
  맡은 일은 어떤 역경이 있더라도 기필코 완수한다.

26. S-Oil

- **회사 VISION 실현에 동참할 진취적인 사람**

  S-OIL은 '최고의 경쟁력을 갖춘 정유회사'로 성장하겠다는 Vision을 달성하는 데 모든 역량을 강화하고 있습니다. 넓은 세계무대에 우

뚝 서겠다는 회사 Vision에 적극 동참할 능동적이고 진취적인 사고를 지닌 인재와 함께 하기를 기원합니다.

·· 국제적 감각과 자질을 가진 사람

S-OIL은 아시아-태평양지역의 석유제품 공급허브 역할을 수행하는 글로벌 기업으로서 회사의 위상에 부합하는 국제감각과 세련된 매너, 어학실력 등의 자질을 갖춘 인재와 함께 하기를 원합니다.

·· 자율과 팀워크를 중시하는 사람

S-OIL은 공부하는 자세로 자기관리와 자기 계발을 위해 힘쓰되 항상 조직과의 조화를 추구하고 목표를 달성하기 위하여 뜨거운 열정과 자세를 갖춘 인재와 함께 하기를 원합니다.

·· 건전한 가치관과 윤리의식을 가진 사람

S-OIL은 건전한 가치관과 윤리의식을 바탕으로 회사 내에서는 동료간 화합에 힘쓰고 회사 밖에서는 책임감 있는 사회인으로서 회사의 명예와 자긍심을 높일 수 있는 인재와 함께 하기를 원합니다.

27. 영풍 (코리아써키트)

·· **변화혁신성** 항상 문제의식을 지니고 구습에 얽매이지 않으며 변화에 적극적으로 동참하고 혁신을 주도하는 人

- **주인정신** 회사와 더불어 성장한다는 마음가짐으로 일을 통해 긍지와 보람을 성취하고자 하는 人
- **전문성** 자기계발을 통해 창조적 능력을 키워 나가며 맡은바 업무에서 최고가 되고자 노력하는 人
- **고객지향성** 자신의 고객이 누구인지 정확하게 이해하고 고객 감동을 통한 회사 이미지 제고에 힘쓰는 人

28. KCC
- Knowledge 기본에 충실하고, 조직방향과 일치하는 전문지식을 가진 사람
- Challenge 불굴의 의지와 창의력으로 실천하는 사람
- Courage 고객과 조직에 정직하고, 사명감과 책임감을 갖는 사람

29. 미래에셋
- 고객우선
- 창조적 지식인
- 윤리의식
- 리스크관리

30. 동국제강
- Wise people   the first   the best   the one   the right
- Dynamic knowledge   ・・Performer

거대한 산업의 흐름에 올라타라

필자 개인의 이야기를 좀 해 보겠다. 군대를 장교로 전역하자 마자, IMF가 터져서 2년동안 대학원에서 버티면서 취업시장이 좋아지기를 기다렸다. 인생에서 가장 힘든 시기였던 것 같다.

그러다가 2000년 시장이 약간 좋아지는 시기에 취업에 임했고, 괜찮은 회사들 몇 군데에 취업이 되었다. 되려 이제는 선택이 어려운 상황이 되었다. 어디로 가야 할 지가 고민이었다.

전공이 행정학과여서 IT는 잘 모르는 필자였지만, 21세기는 IT가 중요하고 지식근로자가 중요하다는 이야기를 책이나 기사로 많이 접했기에 IT회사로 입사를 선택했다. 다른 곳보다 연봉이 낮은 것이 아쉬웠지만 '지식근로자를 관리하는 인사전문가'라는 내 비전에 맞는다는 생각에 IT로 방향을 선택했다.

인사경력 20년차가 되는 지금 돌이켜 보면 선택을 잘 한 것 같다. 처음에는 연봉이나 여러 면에서 부족하다는 생각이 들었지만, 거대한 산업의 성장으로 인해 함께 성장하고 보상을 받게 되면서 같은 나이의 사람들에 비해서 더 좋은 기회를 많이 얻게 되었다.

처음에 들어간 정보시스템을 만드는 회사에서 자연스럽게 인터넷 플랫폼, 게임회사, 모바일 서비스 회사, 해외 플랫폼 서비스 회사까지 경력이 이어지게 되었다. 그런 과정에서 2006년 한 상장회사의 인사팀장이 되었다. 일을 시작한 지 만 6년만이다.

늦게 시작했지만 빨랐다. 개인의 노력도 분명히 있었겠지만 성장하는 판 위에 올라탄 것이 50% 이상의 영향을 미친 것이 분명한 사실이다.

필자가 취업하던 시절 네이버, 넥슨, 엔씨소프트 등의 기업들은 매출액이 상당히 작은 벤처기업들이었다. 잘 될까라는 의구심도 많았던 시기였다. 그 당시 도전했던 사람들의 상당수는 큰 보상을 받았다.

이런 이야기를 꺼내는 이유는 제조, 중공업 등이 중심이 되던 80, 90년대와 다르게 정보화, 로봇화의 물결로 인해서 2000년대 이후 급격하게 산업이 재편되고 있고, 5~10년 뒤도 산업의 판이 어떻게 변화할지 알 수 없으며, 지금 보잘 것 없지만 미래에 큰 기회가 되는 판이 분명히 있기 때문이다.

작년에 가장 주식이 많이 오른 산업분야가 화장품과 바이오, 헬스케어이다. 1~2년전만 해도 화장품이 그렇게 성장할지 아무도 몰랐다. 중국에서 명품으로 인정을 받기 시작하자 갑자기 글로벌 산업으로 인정을 받게 된 것이다. 또 인간의 수명이 길어지면서 필연적으로 바이오와 헬스케어가 중요해 지게 되었다.

회사나 직업을 판단할 때 10년 정도의 미래를 생각해 보고 판단을 하자. 산업의 흐름은 분명 바뀐다. 지금 보잘 것 없지만 좋아하는 일을 선택하고 버티면 기회가 반드시 온다.

그렇다면 21세기에 유망한 분야는 어떤 분야들일까? 미래학자들의 이야기와 필자의 생각을 종합해 보면 아래와 같다.

인문학, 철학, 교육 분야   기술의 급격한 발전으로 인간수명이 길어지고, 더 오래 일을 해야 하는 상황이 벌어지고 있다. 이 때 가장 필요한 것은 평생학습이며, 또한 기술을 올바로 활용하기 위한 판단력을 길러주는 인문학, 철학 등의 분야가 필연적으로 성장하게 되어 있다.

배터리, 무선충전 등 모바일 전력분야   전기차, 로봇 등을 잘 활용하려면 무선으로 전력을 오랫동안 제공할 수 있는 배터리, 무선충전 등의 모바일 전력 분야가 성장하게 될 것이다. 특히 배터리는 가장 중요한 산업이 될 확률이 높다.

무공해 발전 기술 분야   원자력의 위험성이 높아지고 있고, 화력발전은 대기오염의 문제가 있기 때문에 풍력, 태양광, 조력, 핵융합 기술 등 무공해 발전 분야의 기술이 발달할 것이고 이 분야의 산업이 성장할 확률이 높다.

바이오, 헬스케어   인간이 오래 사는 것도 좋지만, 건강하게 오래 살아야 하기 때문에 바이오, 헬스케어 분야는 지속적으로 성장할 가능성이 매우 높다.

문화/콘텐츠 분야   공장이 없이 콘텐츠를 생산하여 높은 부가가치를 만드는 분야가 문화/콘텐츠 분야이다. 기술이 진보하면서 인류는 여유시간을 점차 더 가지게 되어 있고, 이 여유시간을 즐기는 문화/콘텐츠 분야는 지속적으로 성장할 확률이 높다. 지금은 일부 열악한 분야가 있지만 미래에는 가장 가능성이 있는 분야 중에 하나이다. 방송, 여행, 공연, 뷰티, 게임, 각종 콘텐츠 등 미래에 더 큰 기회가 있는 분야가 될 것이다.

각종 플랫폼 비즈니스 정보화가 진행되고, 스마트폰이 보편화 되면서 사람들은 손가락 하나로 정보를 검색하고, 활용하고 있다. 사람들이 자주 방문하여 어떤 행위를 하는 곳을 플랫폼이라고 한다. 영업능력보다는 플랫폼을 구축하는 것이 중요해지는 시대가 왔다.

구글, 페이스북, 앱스토어 등의 플랫폼이 이미 자리를 잡아가고 있으며, 요즘에는 각종 택시, 배달 등의 각종 OtoO 서비스가 활성화 되고 있다. 규모가 크지 않아도 플랫폼을 갖추었느냐가 중요하다. 플랫폼 비즈니스 기술을 보유하든지, 플랫폼 회사에서 일하는 것은 지속적으로 좋은 기회를 얻을 가능성이 있다.

로봇, 우주산업 분야 1인 1 로봇시대가 10~15년 안에 펼쳐질 것이다. 인간이 하기 귀찮고 어려운 일을 도와주는 시대로 접어들기 때문에 로봇산업 분야는 지속 성장할 것이다. 이미 드론산업 등은 수조원 대의 비즈니스로 성장하고 있고, 인간을 태우는 1인용 드론까지 나왔다.

그리고 인간의 우주개척이 본격화 될 것이다. 10년 안에 인간은 화성에 기지를 건설할 확률이 높다. 우주산업에서도 새로운 기회가 열릴 것이다.

기업정보수집 비법 – 전자공시시스템을 활용하라

많은 취업준비생들이 실전 취업현장에서 범하는 가장 아마추어 같은 실수는 무엇일까? 그것은 신문기사와 회사 홈페이지의 내용 위주로 정보를 수집한다는 것이다.

회사 홈페이지나 신문기사는 회사를 어필하기 위해서 쓰여진 기사나 자료들이 모여 있는 곳이다. 대부분 약간의 과장이 없지 않다. 홈페이지 정보는 너무 미약하다. 그렇다고 신문기사는 동향은 볼 수 있지만 홍보적인 내용이 들어 있기 때문에 정확성이 떨어진다.

이런 정보만으로 회사를 선택하고 취업을 준비하는 것은 무엇인가 부족한 부분이 많다. 그렇다고 갑자기 네트워크를 통해서 이미 재직하고 있는 사람을 만날 수도 없고… 좋은 방법은 없을까?

좋은 방법이 하나 있다. 그것은 금융감독원에서 운영하는 〈전자공시시스템〉(http://dart.fss.or.kr)을 활용하는 것이다.

대부분의 사람은 전자공시시스템을 그냥 막연히 주식투자 정보를 얻는 곳으로 알고 있으나, 대한민국의 상장회사 등의 규모 있는 회사의 사업보고서 대부분이 담겨 있다. 투자자들에게 정확한 정보를 제공하기 위해서 만든 것이기 때문에 과장도 거의 없다.

전자공시시스템에 담긴 사업보고서에는 사업의 핵심적인 내용, 업계의 현황, 회사의 현황, 재무제표, 임직원수, 보상수준까지 회사의 현황이 자세하고 정확하게 기록이 되어 있다. 잘 활용하면 보물창고와 같은 곳이다. 자신이 가고 싶은 분야의 유명 회사에 대해서는 반드시 찾

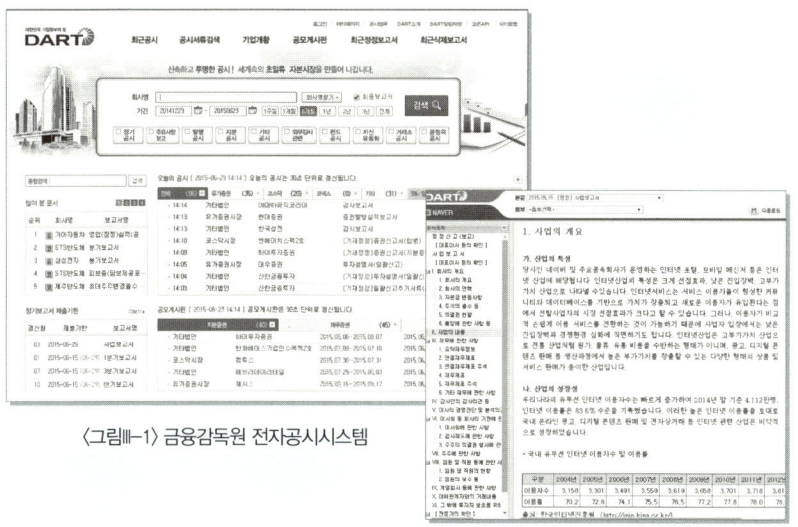

〈그림Ⅲ-1〉 금융감독원 전자공시시스템

아보기 바란다.

　물론, 가능하다면 그 기업에 근무하고 있는 동문선배 등을 통해 직접 알아보는 것이 가장 좋은 방법이다.

　그러면 전자공시시스템을 구체적으로 사용하는 방법을 알아 보자.

관심 있는 회사의 사업보고서를 읽어 본다.　전자공시시스템에서 찾고 싶은 회사명을 입력하여 가장 최근 연간, 분기 사업보고서를 읽어 본다. 사업보고서에는 재무제표, 사업의 현황, 임직원의 구성, 평균연봉까지 거의 모든 자료가 다 들어 있다.

관심 있는 회사가 상장회사가 아니면, 같은 업종의 상장회사 사업보고서를 몇 개 읽는다. 상장이 안 되면 전자공시시스템에 사업보고서가 안 나오는데, 이럴 때는 같은 업종에 있는 상장회사를 찾아서 그 사업보고서를 읽어 보자. 그러면 그 산업분야의 상황을 이해하는데 도움이 된다.

사업보고서에서 산업의 개요, 현황을 잘 읽어 본다. 신문기사 보다 더욱 정확한 사업보고서의 산업의 개요, 현황을 잘 읽어 보면 산업의 긍정적인 부분과 어려운 부분을 좀 더 정확하게 알 수 있어 회사에 대한 이해도가 높아져서 면접을 볼 때 도움이 된다.

간단한 재무제표 분석을 해 본다. 재무제표로 매출액, 영업이익, 인당 영업이익 등의 간단한 재무적인 분석을 해 보면 좋다. 가장 중요한 것이 인당영업이익인데 영업이익 총액을 회사 인원수로 나눠 보면 인당영업이익이 나온다. 이것이 높은 회사는 보상여력이 높다.

경쟁업체 사업보고서도 읽어 본다 . 같은 산업군에서 경쟁하고 있는 경쟁업체의 사업보고서도 읽어 보면 업계의 상황을 보다 입체적으로 이해할 수 있다. 회사를 선택하고 지원하고 면접을 보는 과정에서 정확한 정보는 필수적이다. 또 좋아 보이는 회사도 잘 분석해 보면 문제가 많을 수도 있다. 인생이 걸린 일이니 보다 정확하게 접근하자. 전자공시시스템, 신문기사, 홈페이지, 각종 주변 정보를 종합해서 올바른 정보를 가지고 취업에 임하는 것이 중요하다.

간단한 기업 재무분석 방법

기업이 현재 성과가 좋은지 나쁜지를 빨리 알려면 간단한 기업 재무분석을 실시하는 것이 좋다. 상장된 회사의 경우 전자공시시스템의 사업보고서에 재무에 대한 현황이 세밀하게 제시되고 있다. 좀 더 쉬운 방법으로는 네이버에서 검색을 하여 대략적인 기업 재무현황을 확인해 보는 것이다.

예를 들어서 〈컴투스〉라는 회사가 있다면 한번 분석을 해 보도록 하자. 네이버에서 검색창에 컴투스를 치면 다음과 같이 나온다.

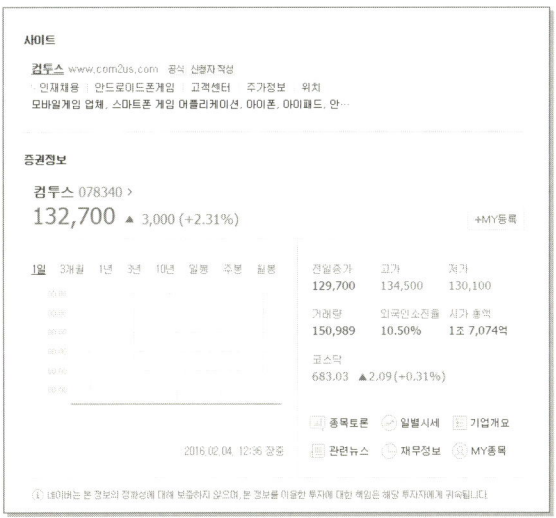

〈그림Ⅲ-3〉 네이버 컴투스 검색화면

여기서 재무정보라는 버튼를 누르고 들어가면 다음과 같은 요약 재무실적이 나온다. 이 재무실적을 바탕으로 분석을 해 보면 기본적인 회사 재무현황을 분석해 볼 수 있다.

주요재무정보	연간				분기			
	2012/12 (IFRS연결)	2013/12 (IFRS연결)	2014/12 (IFRS연결)	2015/12(E) (IFRS연결)	2015/03 (IFRS연결)	2015/06 (IFRS연결)	2015/09 (IFRS연결)	2015/12(E) (IFRS연결)
매출액	769	814	2,347	4,339	937	1,083	1,148	1,170
영업이익	161	77	1,012	1,624	356	403	423	442
세전계속사업이익	238	197	1,037	1,683	361	420	442	476
당기순이익	205	194	792	1,249	273	311	318	350
당기순이익(지배)	205	195	793	1,250	273	311	318	353
당기순이익(비지배)		-2	0					
자산총계	1,004	1,183	2,497	5,015	2,857	3,163	5,316	5,734
부채총계	93	104	391	565	518	529	584	607
자본총계	911	1,079	2,106	4,551	2,339	2,634	4,732	5,126
자본총계(지배)	911	1,078	2,106	4,596	2,339	2,634	4,732	5,126
자본총계(비지배)		1						
자본금	50	50	50	58	50	50	64	64
영업활동현금흐름	261	106	831	1,233	268	296	356	384
투자활동현금흐름	-213	-102	-808	-594	-224	-267	-360	-42
재무활동현금흐름	-1	0	16	1,128	3	20	1,787	0
CAPEX	35	7	9	20	3	8	4	0
FCF	227	99	822	1,214	265	288	351	344
이자발생부채					0	0		
영업이익률	20.88	9.50	43.13	37.44	37.99	37.24	36.83	37.79
순이익률	26.60	23.79	33.75	28.80	29.12	28.74	27.69	29.94
ROE(%)	25.39	19.64	49.78	37.30	61.45	63.28	34.21	
ROA(%)	23.29	17.70	43.05	33.26	52.22	54.16	30.36	
부채비율	10.18	9.61	18.57	12.41	22.17	20.08	12.35	11.85

〈그림Ⅲ-4〉

자산은 자본과 부채를 더한 기업의 전체 돈을 의미한다.(자산 = 자본 + 부채) 기업의 진짜 자기 돈은 자본이다. 여기서 보면 자본이 4,551억으로 나온다.

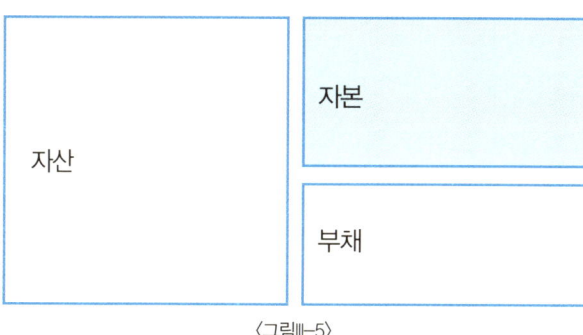

〈그림Ⅲ-5〉

그 다음에 연간 얼마나 벌어들이는지를 한번 알아 보자. 매출액과 영업이익이 매년 큰 폭으로 성장하고 있다. 영업이익이라는 것은 매출액에서 비용을 뺀 연간 영업활동으로 순수하게 벌어들인 돈을 의미한다. 영업이익이 큰 회사가 진짜 좋은 회사이다. 컴투스의 경우 2015년 1,624억원이 나온다. 매출액 4,339억원에 영업이익 1,624억은 영업이익률이 37.44%가 나온다. 1천원을 팔아 374원을 남겼다는 것이니 수익성이 상당하다.

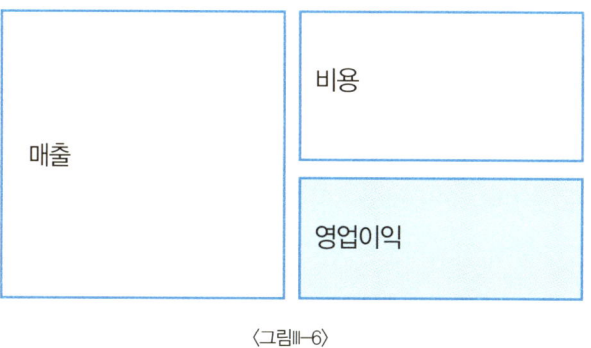

〈그림Ⅲ-6〉

그러면 ROE는 무엇일까? 대략적으로 이익을 자기 자본으로 나누는 것을 말하는데 쉽게 말하면 은행에 돈을 4,551억(자기자본)을 넣어놓았더니 연말에 1,624억의 이자를 벌었다는 것을 의미한다. ROE가 높은 기업은 수익성과 성장성이 높은 것이고, ROE가 낮은 기업은 수익성과 성장성이 낮음을 의미한다. 보통 ROE 10을 기준으로 10보다 높으면 성장성, 수익성이 있고, 10보다 낮으면 성장성과 수익성이 낮다는 것을 의미한다. 컴투스의 경우 37.30이 나온다. 엄청난 성장성과 수익성이다.

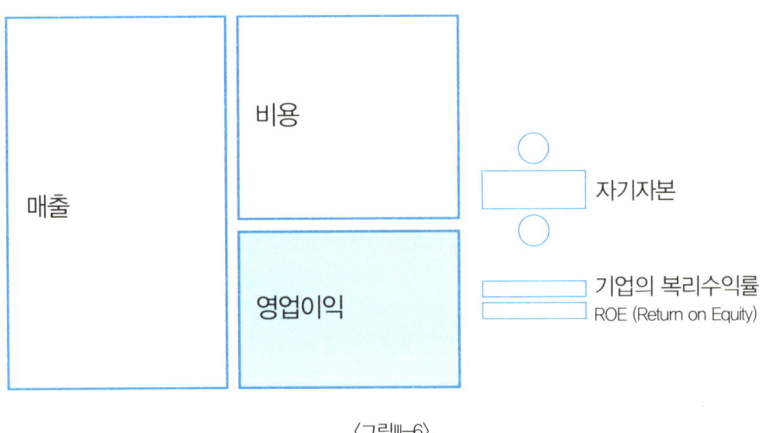

〈그림Ⅲ-6〉

마지막으로 인당영업이익을 살펴 보자. 영업이익을 현재 직원수로 나눠 보는 것이다. 인당영업이익이 높아야 회사가 보상여력이 크다고 볼 수 있다. 특히 인센티브는 인당영업이익의 크기에 좌우된다. 〈전자공시시스템〉에서 컴투스의 최근 사업보고서를 보니 직원수가 640명으로 나온다. 그러면 1,624억 ÷ 640명 = 인당 2.54억을 수익으로 남겼다. 매출로 보면 4,339억 ÷ 640명 = 인당 6.78억을 벌었다. 종합을 해 보면 연간 1명이 6.78억을 벌어서 2.54억을 남긴 것이니 이런 회사는 향후 보상성장여력이 매우 높다고 볼 수 있다.

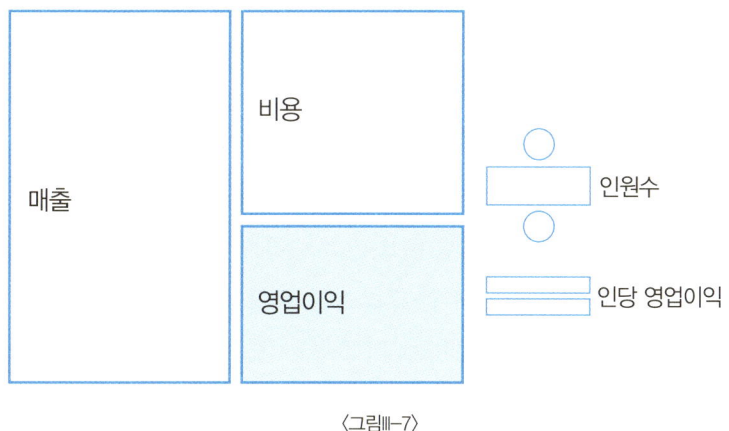

〈그림Ⅲ-7〉

이상의 방법으로 가고 싶은 회사의 재무를 한번 분석 해보길 바란다. 여기서 꼭 이야기 하고 싶은 회사는 매출 규모나 인원수가 많다고 좋은 회사가 아니라는 것이다. 인당 효율이 얼마나 좋고, 매출과 이익이 지속 성장하느냐가 더욱 중요하다. 30대기업 내에서도 이런 편차는 매우 크게 작용을 할 것이다.

기업선택의 핵심 기준 종합

그렇다면 기업을 어떻게 선택할지에 대한 기준을 알아 보자. 이 기준이 100% 정확하다고 할 수는 없지만 선택을 하는데 일정 부분 도움을 줄 수 있다.

1. **10년뒤 성장할 것 같은 산업군인지 확인하라**

결국 성장하는 배에 올라타야 같이 성장할 수 있다. 현재를 보지 말고 10년 뒤에 초점을 맞추자. 왜냐하면 신입이 가장 영향력을 발휘하고 몸값이 좋아지는 시점이 10년 후부터 이기 때문에 가장 역량을 발휘할 시점에 내가 디딘 판이 좋아야 같이 성장할 수 있기 때문이다.

현재 회사의 규모가 작건 크건, 이익이 크건 작건 상관없다. 미래에 꼭지점을 찍어야 한다.

2. **경영진이 어떤 사람인지 보라**

경영진이 주위로부터 존경을 받고 있는지 아니면 평판이 나쁜지를 보라. 경영진의 리더십에 의해서 회사의 미래가 결정된다. 경영진이 열려있고, 열심히 일하며, 사회적인 책임을 다하려고 노력하는지를 보라. 신문기사만 보지 말고, 다양한 경로로 확인하라. 특히 블라인드앱 같은 곳의 평판도 함께 고려해서 종합적으로 보자. 규모차이가 크지 않다면 무조건 경영진이 좋은 곳으로 선택하라.

3. **조직문화를 고려하라**

    기업이 현재 잘 나가고 안 나가는 것이 중요하지 않다. 변화에 능동적이고 유연하게 움직이는 조직인지 살펴 보라. 딱딱하게 고정되어 관료화 된 회사라면 큰 변화에 살아남기 어렵다. 또한 일할 때 재미 요소나 몰입요소가 크게 줄어들 수도 있다. 이런 점을 고려해서 유연하고 능동적이며, 열정적인 회사인지 살펴 보라.

4. **직무전문성을 확보할 수 있는 회사인지 살펴 보라**

    어떤 회사는 직무전문성 보다는 제너럴매니저를 키우는 방식으로 인력을 운영하고 성장관리를 하는 회사가 있다. 한 기업이 30년을 존속하기 힘들다고 한다. 결국 내가 디딘 판이 언젠가 변화가 올 수도 있는데 이 때 생존하기 위해서는 직무전문성을 확보하는 것이 무엇보다도 중요하다. 연봉이 약간 낮지만 내가 하고 싶은 일의 직무전문성을 확보할 수 있는 회사라면 미련 없이 선택하라.

5. **인당 부가가치가 높은 산업군인지 보라**

    적은 투입으로 큰 부가가치를 만드는 산업군이나 회사인지 살펴 보라. 인당 부가가치가 낮으면 좋은 보상을 얻기 어려울 수 있다. 그런데 지금 부가가치가 높지는 않지만 10년 뒤에는 큰 부가가치를 만들 수 있다면 선택해도 좋다. 1990년대 말 네이버나 카카오의 매출액이 100억이 안 되던 시기도 있었다. 항상 판단할 때는 여러분이 가장 핵심적인 역할을 할 연차인 10년뒤를 기준으로 판단하는 것이 좋다.

보통 회사가 여러분을 판단하지만, 여러분도 회사를 판단할 권리가 있다. 최소 3년 이상 몸담을 회사를 선택하는데 신중함이 없어서는 안 된다. 추가적으로 면접장에서 회사를 판단하는 방법을 알아보자. 면접장에서 보다 구체적인 정보를 얻을 수 있다.

---

1. 채용담당자를 관찰하라. 미소 띤 얼굴에 친절하고, 행동 하나하나에 회사에 대한 프라이드가 배어 있는지 살펴라. 채용담당자는 회사의 얼굴 마담이다. 채용담당자의 표정이 어둡거나, 힘 없어 보이거나, 대충하는 경향이 있다면 회사가 동기부여를 못하고 있는 것일 수 있다.

2. 면접관의 태도를 살펴라. 면접관은 여러분이 앞으로 함께 일하게 될 팀장급일 확률이 높다. 열정이 넘치고, 세심한 질문을 던지는 사람이라면 매우 긍정적이다. 그 만큼 회사와 일에 자신감이 있기 때문이다. 휴대폰을 계속 본다든지, 삐딱하게 앉는다든지, 사소한 신변잡기에 대한 질문이 대부분이라면 팀장들의 리더십에 문제가 있을 수 있다.

3. 지나가는 사원들의 얼굴을 보라. 밝고 웃음이 넘치는가? 아니면 딱딱하고 무표정해 보이는가? 사원들의 얼굴에서 조직의 분위기를 파악할 수 있다.

4. 사무실 또는 대기장이 화려하거나, 낡거나 하는 것은 중요한 문제가 아

니다. 기업의 문화와 정신이 중요한 것이다. 최근 미국에서 성공한 기업들은 낡은 창고에서 시작한 경우가 많다. 이런 것에 현혹되지 말자.

5. 대기 중인 여러분에게 비전 또는 회사의 사업자료를 제시해 주고, 자세히 설명을 해주는 회사는 사업의 방향이 명확하고, 사원을 존중하는 문화가 내재된 회사일 확률이 높다.

이러한 조건들을 종합적으로 고려해서 회사를 선택해 보라. 가장 중요한 것은 현재 회사의 브랜드 보다는 여러분의 확신이다. 많은 정보와 고민을 통해서 회사를 잘 선택한다면 여러분은 회사와 함께 성장할 수 있을 것이다.

첫 회사의 선택이 여러분의 미래를 좌우한다. 가장 힘든 것이 주변의 시선이다. 참 어려운 부분이다. 주변의 기대에 맞추자니 내가 하고 싶은 일과는 차이가 나고, 그렇다고 내가 희망하는 일을 선택하자니 보상이 안 따르는 경우가 많다.

필자의 경우 20여년 동안 하고 싶은 일을 해 보니 정말 첫번째 선택을 잘 했다는 생각이 들었다. 다른 것은 모르겠지만 행복했다. 고통도 있고 힘도 들었지만 뭔가 내가 조금씩 완성되어 간다는 생각에 항상 즐겁고 열정적으로 일을 대한 것 같다.

열정이라는 것은 일에 대한 애정일 것이다. 열정이 없으면 결국 일도 잘 안 되고 정신이 분산되게 된다. 사람이 싫어하는 일을 오래하기는 정말 어렵다. 결국 중요한 순간에 포기를 하게 되는 경우가 다수 발생을 한다.

여러분이 만들 수 있는 부가가치가 높아진다면 결국 원하는 보상을 얻게 될 것이다. 보상이 일정 수준이 된다면 일을 더 중요한 판단의 요소로 생각해 보자.

인사에서 가장 중요시 하는 것이 적재적소이다. 적재적소가 되면 다른 보상요소의 의존도가 낮아진다. 인간은 결국 자아실현의 단계까지 욕구를 충족해야 진정한 인생의 만족감을 느낄 수 있다. 시장이 어려울 수록 더욱 더 하고 싶은 일을 할 수 있는 회사를 찾아 보는 것이 중요할 것 같다.

간절히 찾는 사람에게는 숨은 보석 같은 회사가 반드시 발견될 것이다. 숨은 보석을 발견할 때 여러분 인생의 만족감은 보다 높아질 것이다.

Day 4

1
2
3
4
5
6
7

Day 4
자기분석 및 매칭하기

일관된 스토리와 STAR 성공사례목록

　많은 취업준비생들은 자격증이나 눈에 보이는 스펙이 자신의 당락을 결정지었다고 믿는다. 하지만 채용을 하는 입장에서는 어설픈 자격증이 그렇게 중요하게 느껴지지 않는다.

　사실 자격증은 지원자가 해당 분야에 대한 객관적인 지식을 갖추고 있다는 사실만을 입증할 뿐, 실무능력이 있음을 대변하는 것은 아니다. 게다가 희소성이 떨어진 자격증은 그나마 별 도움이 되지 않는다. 워드프로세서, 컴퓨터활용능력 등의 자격증이 그 예이다. 요즘 세상에 워드, 파워포인트, 엑셀 정도 다루지 못하는 사람이 어디 있겠는가? 공기업 입사 빼고는 별로 도움이 되지 못한다.

　취업을 희망하는 사람들의 이력서를 보면, 저마다 다양한 경험들을 적어놓고 있다. 어떤 경우는 거의 준경력자 수준의 경험을 쌓은 사람도 있다. 사실 어설픈 자격증보다는 이러한 경험들이 취업에는 훨씬 도움이 된다. 사실 취업에 가장 도움이 되는 것은 일관된 스토리다. 대부분의 채용담당자들은 열심히 자기소개서를 읽는다. 한 사람의 인생이 걸려 있기 때문이다. 그 스토리가 일관되고 정말 노력했다는 느낌이 들 때 면접을 보겠다는 생각이 든다. 자기소개서는 무조건 일관된 방향의 다양한 스토리가 들어 있어야 한다.

　어떤 학생들은 하나의 큰 사례를 자기소개서에 여러 번 써먹는다. 대부분의 학생들이 쓰는 내용은 동아리 행사를 성공시킨 이야기이다. 왜 그걸 쓰는가 하면 가장 성공한 것 같이 느끼기 때문인데 문제는 대부분의 학생이 똑같이 동아리 행사를 성공시킨 이야기를 쓴다. 떨어지는 80%의 자기소개서가 그렇다. 회사가 원하는 것은 크게 성공시킨 사례가 아니다. 학생이 성공시켜 봤자 얼마나 성공을 시켰겠는가? 따라서 해당 분야의 직군이나 직무에 필요한 역량을 설명할 수 있는 다양하고 짤막한 사례가 많이 들어가야 선택 받는 자기소개서가 될 수 있다. 공모전 하나 하는 데는 남다르게 하려고 노력하면서 더 중요한 취업에는 그 정도의 노력을 쓰지 않으니 시키지 않으면 하지 않는 학생들이 안타깝기만 하다.

　취업을 위해서 가장 중요한 것은 바로 성공사례 목록을 만드는 것이다. 사람을 판단하는 가장 좋은 방법은 그 사람의 과거의 행동과 그로 인해 형성된 습관을 보는 것이다.

따라서 면접관들은 대부분 과거의 사례를 물어 온다. 이럴 때 자신감 있게 STAR 구조로 이야기 할 수 있다면 취업은 따 놓은 당상일 것이다. STAR는 아래와 같다.

Situation [상황]

Task [담당업무]

Action [고민과 행동]

Result [결과]

필자는 학생들에게 성공사례목록을 20~30개 정도 적어 보라고 한다. 잘 정리된 목록을 바탕으로 좋은 사례는 자기소개서에 반영하고, 나머지는 면접 때 활용하라. 취업에 큰 도움이 될 것이다.

NO	역량	Situation (상황)	Task (담당업무)	Action (고민과 행동)	Result (결과)
1	리더십	국토대장정에 참석했었는데 조원들이 너무 힘들어 하면서 서로에게 짜증을 냈다.	조장으로서	조원들에게 지금 이 순간만 생각하자고 계속 독려하였다.	조원 모두 낙오없이 무사히 마칠 수 있었다.

〈표IV-1〉STAR성공사례목록 예시

Day4 자기분석 및 매칭하기   133

취업에서 성공사례목록은 매우 중요하다. 면접관들은 기본적으로 지원자들에게 의심을 가진다. 지원자가 자신이 성실하다고 당위적으로만 주장한다면 믿지 못한다는 것이다. 이럴 때, 제가 예전에 어떤 일을 맡았는데 그것을 마무리하기 위해서 닷새 동안 잠을 자지 않았다든지, 개근상을 받았다든지 구체적인 사례로 이야기해야 믿게 된다. 자신의 과거 어린 시절부터 현재까지 성공사례목록을 20~30개를 뽑아라. 최대한 뽑아라. 아무리 작은 일이어도 상관없다. 면접관은 큰 성공을 원하는 것이 아니라 그 성공사례로부터 여러분의 잠재역량(태도, 역량 등)을 확인하고자 하는 것에 더 관심이 있다.

면접 시 면접관의 질문에 대부분 사례 위주로 이야기할 수 있어서 취업에 매우 효과적이다. 성공사례목록은 취업의 가장 중요한 포인트라고 할 수 있을 것이다.

STAR 성공사례 목록을 만드는 방법은 다음과 같다.

---

1. 워드나 엑셀 등으로 위의 표와 같이 만든다.
2. 어떤 역량을 설명할 수 있는 사례라면 작은 사례라도 충분하다. 학교, 개인생활, 친구관계 등 상관없다. 어떤 역량을 설명할 수 있다면 도움이 된다.
3. 우선은 브레인스토밍 하듯이 어떤 역량에 상관 없이 뽑아 보아라.
4. 뽑아낸 사례를 역량별로 구분을 해 보아라. 그럼 한쪽 역량으로 몰리는 경우를 볼 것이다. 이것은 자신이 그쪽에 재능이 있다는 증거이기도 하

다. 하지만 어떤 직무에는 여러 역량이 필요하니 다른 역량들을 증명할 수 있는 사례들도 추가로 뽑아내라.
5. 이렇게 작성된 성공사례목록을 뒤에 설명하는 역량매칭표와 매칭시켜서 장.단점을 분석해 보면 제대로 된 자기소개서를 만들 수 있게 되고, 면접 준비도 가능해진다.

NCS의 직업기초능력을 참조하여 학습하라

앞에서 살펴본 국가직무능력표준(NCS)는 직업기초능력에 대한 학습자료를 제공하고 있다. 직업기초능력은 회사에서 말하는 공통역량과 일부 직무능력이 합쳐져 있는 구조로 이루어져 있어서 직업기초능력을 잘 알고, 습득하고 있으면 취업준비를 하는데 큰 도움이 된다. NCS의 직업기초능력은 다음의 10가지이다.

〈표Ⅳ-2〉 NCS직업기초능력 10가지

구분	정의	하위능력	정의
의사소통능력	업무를 수행함에 있어 글과 말을 읽고 들음으로써 다른 사람이 뜻한 바를 파악하고, 자기가 뜻한 바를 글과 말을 통해 정확하게 쓰거나 말하는 능력이다.	문서이해능력	업무를 수행함에 있어 다른 사람이 작성한 글을 읽고 그 내용을 이해하는 능력
		문서작성능력	업무를 수행함에 있어 자기가 뜻한 바를 글로 나타내는 능력
		경청능력	업무를 수행함에 있어 다른 사람의 말을 듣고 그 내용을 이해하는 능력
		의사표현능력	업무를 수행함에 있어 자기가 뜻한 바를 말로 나타내는 능력
		기초외국어능력	업무를 수행함에 있어 외국어로 의사소통 할 수 있는 능력
수리능력	업무를 수행함에 있어 사칙연산, 통계, 확률의 의미를 정확하게 이해하고, 이를 업무에 적용하는 능력이다.	기초연산능력	업무를 수행함에 있어 기초적인 사칙연산과 계산을 하는 능력
		기초통계능력	업무를 수행함에 있어 필요한 기초 수준의 백분율, 평균, 확률과 같은 통계 능력
		도표분석능력	업무를 수행함에 있어 도표(그림, 표, 그래프 등)가 갖는 의미를 해석하는 능력
		도표작성능력	업무를 수행함에 있어 필요한 도표(그림, 표, 그래프 등)를 작성하는 능력
문제해결능력	업무를 수행함에 있어 문제 상황이 발생하였을 경우, 창조적이고 논리적인 사고를 통하여 이를 올바르게 인식하고 적절히 해결하는 능력이다.	사고력	업무와 관련된 문제를 인식하고 해결함에 있어 창조적, 논리적, 비판적으로 생각하는 능력

구분	정의	하위능력	정의
자기 개발 능력	업무를 추진하는데 스스로를 관리하고 개발하는 능력이다.	자아인식 능력	자신의 흥미, 적성, 특성 등을 이해하고, 이를 바탕으로 자신에게 필요한 것을 이해하는 능력
		자기개발 능력	업무에 필요한 자질을 지닐 수 있도록 스스로를 관리하는 능력
		경력개발 능력	끊임없는 자기 개발을 위해서 동기를 갖고 학습하는 능력
자원 관리 능력	업무를 수행하는데 시간, 자본, 재료 및 시설, 인적자원 등의 자원 가운데 무엇이 얼마나 필요한지를 확인하고, 이용 가능한 자원을 최대한 수집하여 실제 업무에 어떻게 활용할 것인지를 계획하고, 계획대로 업무 수행에 이를 할당하는 능력이다.	시간관리 능력	업무 수행에 필요한 시간자원이 얼마나 필요한지를 확인하고, 이용 가능한 시간자원을 최대한 수집하여 실제 업무에 어떻게 활용할 것인지를 계획하고 할당하는 능력
		예산관리 능력	업무 수행에 필요한 자본자원이 얼마나 필요한지를 확인하고, 이용 가능한 자본자원을 최대한 수집하여 실제 업무에 어떻게 활용할 것인지를 계획하고 할당하는 능력
		물적자원 관리능력	업무수행에 필요한 재료 및 시설자원이 얼마나 필요한지를 확인하고, 이용 가능한 재료 및 시설자원을 최대한 수집하여 실제 업무에 어떻게 활용할 것인지를 계획하고 할당하는 능력
		인적자원 관리능력	업무수행에 필요한 인적자원이 얼마나 필요한지를 확인하고, 이용 가능한 인적자원을 최대한 수집하여 실제 업무에 어떻게 활용할 것인지를 계획하고, 할당하는 능력

구분	정의	하위능력	정의
대인관계능력	업무를 수행함에 있어 접촉하게 되는 사람들과 문제를 일으키지 않고 원만하게 지내는 능력이다.	팀워크 능력	다양한 배경을 가진 사람들과 함께 업무를 수행하는 능력
		리더십 능력	업무를 수행함에 있어 다른 사람을 이끄는 능력
		갈등관리 능력	업무를 수행함에 있어 관련된 사람들 사이에 갈등이 발생하였을 경우 이를 원만히 조절하는 능력
		협상 능력	업무를 수행함에 있어 다른 사람과 협상하는 능력
		고객서비스 능력	고객의 요구를 만족시키는 자세로 업무를 수행하는 능력
정보능력	업무와 관련된 정보를 수집하고, 이를 분석하여 의미있는 정보를 찾아내며, 의미 있는 정보를 업무수행에 적절하도록 조직하고, 조직된 정보를 관리하며, 업무수행에 이러한 정보를 활용하고, 이러한 제 과정에 컴퓨터를 사용하는 능력이다.	컴퓨터 활용능력	업무와 관련된 정보를 수집, 분석, 조직, 관리, 활용하는데 있어 컴퓨터를 사용하는 능력
		정보처리 능력	업무와 관련된 정보를 수집하고, 이를 분석하여 의미 있는 정보를 찾아내며, 의미 있는 정보를 업무수행에 적절하도록 조직하고, 조직된 정보를 관리하며, 업무 수행에 이러한 정보를 활용하는 능력

구분	정의	하위능력	정의
기술 능력	업무를 수행함에 있어 도구, 장치 등을 포함하여 필요한 기술에는 어떠한 것들이 있는지 이해하고, 실제로 업무를 수행함에 있어 적절한 기술을 선택하여 적용하는 능력이다.	기술이해 능력	업무 수행에 필요한 기술적 원리를 올바르게 이해하는 능력
		기술선택 능력	도구, 장치를 포함하여 업무 수행에 필요한 기술을 선택하는 능력
		기술적용 능력	업무 수행에 필요한 기술을 업무 수행에 실제로 적용하는 능력
조직 이해 능력	업무를 원활하게 수행하기 위해 국제적인 추세를 포함하여 조직의 체제와 경영에 대해 이해하는 능력이다.	국제감각	주어진 업무에 관한 국제적인 추세를 이해하는 능력
		조직 체제 이해능력	업무 수행과 관련하여 조직의 체제를 올바르게 이해하는 능력
		경영이해 능력	사업이나 조직의 경영에 대해 이해하는 능력
		업무이해 능력	조직의 업무를 이해하는 능력
직업 윤리	업무를 수행함에 있어 원만한 직업생활을 위해 필요한 태도, 매너, 올바른 직업관이다.	근로 윤리	업무에 대한 존중을 바탕으로 근면하고 성실하고 정직하게 업무에 임하는 자세
		공동체 윤리	인간 존중을 바탕으로 봉사하며, 책임 있고, 규칙을 준수하며 예의 바른 태도로 업무에 임하는 자세

NCS 사이트는 직업기초능력을 강화하기 위한 교재를 제공한다. 전반적인 내용이 잘 기술되어 있기 때문에 직업기초능력을 강화하는데 도움을 준다. 스스로 분석 시 보완이 필요한 역량에 관련된 내용을 꼭 학습해 보라. 많은 도움이 될 것이다.

〈그림Ⅳ-1〉NCS학습모듈 검색 이미지

역량 매칭표를 만들어라

STAR 방법론으로 성공 사례 목록을 만들었다면 자기소개서를 쓰기 전에 [역량 매칭표]를 만들어야 한다. 앞에서 어떤 일을 하려면 그 직무에 필요하다고 조사된 역량과 자신의 성공사례 목록을 매칭시켜서 매칭자료를 만들어야 한다.

이력서와 자기소개서는 크게 몇 가지 부류로 구분된다. 첫째, 자신의 객관적인 자격을 믿고 자기소개서는 대충 쓰는 경우, 둘째, 남들이 작성한 문구를 짜깁기한 경우, 셋째, 온갖 화려한 미사여구를 사용했으나 알맹이가 없는 경우, 넷째, 양이 많으면 좋은 것인 양 2~3장이 넘는 경우, 다섯째, 너무나 평범한 경우, 여섯째, 지원 분야에 대해 자세히 알고 쓴 것 같은 경우 등. 여러분이 취업담당자 또는 서류전형을 담당한 팀장이라면 이 여섯 가지 부류의 서류 중 어떤 것을 선택하겠는가? 당연히 정답은 6번이다. 6번 같이 이력서와 자기소개서를 쓸 경우 인사담당자로 하여금 '한번 만나보고 판단해야겠군.'이라는 생각을 하게 만든다. 쉽게 예를 들어 소프트웨어 개발 분야에 지원할 경우, 우선 회사에서 소프트웨어 개발자에게 요구하는 요건들이 무엇인지부터 알아봐야 한다. 따라서 일단 인터넷이나 직업 백과 등을 찾아보거나, 해당 분야에서 일하는 선배를 만나서 이러한 요건들을 확인하는 작업이 필요하다. 그런 뒤에 나에게 과연 그런 요건들이 있는지 하나하나 따져보아야 한다. 개발자라면 소프트웨어 공학에 대한 지식은 어느 정도인지, 소프트웨어 개발 경험은 있는지, 활용할 수 있는 프로그래밍 언어와 Tool은 어떤 것인지, 성격은 어떠한지, 커뮤니케이션 능력은 어떠한지, UML 등은 활용할 수 있는지, 데이터베이스에 대한 지식은 어떠한지 등을 분석해 보고, 이러한 요건에 맞춰 이력서와 자기소개서를 방향성 있게 작성해야 한다.

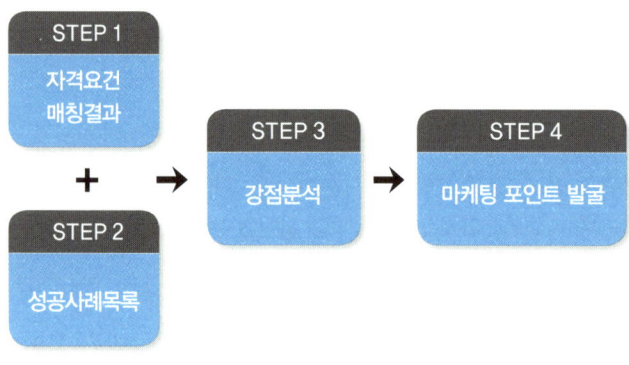

〈그림Ⅳ-2〉

　매칭표를 만들어 보면 자신이 이 직무분야에 지원하는데 강점과 약점이 정확하게 드러난다. 그 강점은 부각하고 약점은 빨리 커버를 하는 것이 취업에 효과적이다. 약점은 독서, 세미나 등으로 빨리 지식을 확보해서 커버해야 하며, 그 드러난 약점이 쉽게 향상되지 않는 것이라면 이 직무를 지원하는 것을 심각하게 고민해야 한다.

[홍보분야 역량매칭표]

필요역량	매칭근거
대인관계 능력	학교 동아리 회장 경험 보유, 휴대폰 전화번호 1,000명, 성격 쾌활, 대인관계와 관련된 별명 보유
홍보에 대한 전문지식	신문방송학 전공에서 장학금 취득, 1학년 때부터 관련된 세미나 20개 이상 수강. 홍보관련 책 50권 읽음
	…
인상	항상 웃는 얼굴로 친숙한 느낌을 줌
글쓰기 능력	특별히 증명할 것이 없음

〈표Ⅳ-3〉 홍보분야 매칭표

한 학생이 위와 같은 홍보분야 역량매칭표를 만들었다. 자 무엇이 문제인가? 홍보에 대한 대부분의 역량을 매칭하고 있는데 중요한 글쓰기 능력이 부족한 것으로 나왔다. 홍보에서는 보도자료도 많이 배포를 해야 하기 때문에 글쓰기 능력이 없으면 어려움을 겪을 수 있다.

이럴 때 여러분은 어떻게 할 것인가? 계절학기에 글쓰기 수업을 수강하거나, 아니면 글쓰기 관련된 책을 있는대로 읽는 것으로 일정부분 약점을 극복할 수 있다. 예를 들어서 글쓰기를 잘하려고 글쓰기 분야에 대한 책을 수십 권 읽고 글쓰기 공모전에 계속 지원했다고 적었다고 하자. 이것이 거짓이 아니라면 회사는 여러분의 방향성 있는 노력에 박수를 보내 줄 것이다.

이렇게 분석해 보면 여러분이 방학 때 남들 다하는 토익시험 준비나 하면서 멍 때리지 않게 된다. 도서관에 가서 눈에 불을 키고 글쓰기 책들을 읽게 될 것이다.

이렇게 자신의 장단점을 정확하게 파악하지 않고 대략 적은 자기소개서로 저 무서운 취업의 정글로 뛰어들려고 한다면 여러분은 아직 아마추어 수준일 뿐이다. 빨리 프로의 길로 들어서야 한다. 막연하게 세상은 나를 선택하지 않는구나 라고 낙담하지 말고 이런 과학적인 준비를 해라. 그래야 성공할 수 있다.

정보의 홍수에서 자기 중심 잡기

지금까지 직무와 기업에 대한 선택을 하고 자기 분석까지 마쳤다면 자기소개서를 쓰기 전에 정보의 홍수에서 살아남기 위한 방법으로 자기 중심 잡기 팁을 드리고자 한다.

• 취업정보사이트 등 각종 정보는 적절히 활용하라.

최초 취업정보사이트는 취업준비생들끼리 순수한 정보 공유 차원에서 시작되었지만, 이제 더 이상 순수한 정보 공유의 장이 아니다. 정보는 곧 상품이고, 서비스이자 여러분은 마케팅 대상이다. 또한 정보의 양적인 증가와 비례하여 질적인 수준이 반드시 높아지지도 않는다. 요즘 대표적인 취업정보사이트 하나만 가입해도 정보 제공이라는 명분으로 메일과 쪽지, 문자안내 등이 하루에 몇 개씩 오곤 한다. 그나마 필요한 정보가 포함되어 있으면 다행이겠지만, 그렇지 않다면 그저 메일함에 스팸메일이 추가될 뿐이다. 취업정보는 내가 필요할 때 찾아가서 볼 수 있는 정보 위주로 재편하라. 아울러, 정보를 맹신하기 보다 적절한 내용을 선별하여 취하길 바란다.

•• 성공사례에 현혹되지 마라.

취업 준비생이 현혹되기 쉬운 정보중 하나는 여러 매체에서 범람하는 취업성공사례일 것이다. 누군가 내가 가려고 하는 길을 먼저 가서 길잡이 역할을 해준다면 큰 도움이 될 것이다. 그러나, 이러한 성공사례에는 핵심되는 내용이 빠져있거나, 나의 상황과는 거리가 먼 경우들이 상당히 많다. 특히 상업적인 매체에서 공짜로 제공하는 경우라면 절반 이상 상업적인 광고로 이용하고 있다고 보면 맞을 것이다.

성공사례는 단지 하나의 정보일 뿐, 해답이 아니라는 점을 명심하고, 나만의 장점을 발굴하고 개발하는데 역점을 두는 것이 성공으로 가는 지름길임을 잊지 말자.

자신에게 맞지도 않는 성공사례를 따라 하기보다는, 지금 취업하려는 기업이나, 산업에 종사하는 선배를 만나서 그 기업 또는 산업의 분위기를 듣는 편이 취업에는 훨씬 도움이 된다.

・・ **제 3자의 시각에서 바라보라.**

지원자 중에서 자신의 경험을 너무나 중요시 한다는 느낌을 받을 때가 있다. 특히, 배낭여행이나 국토순례 등 단기간 육체적인 고생을 한 경험들에 관한 경우가 많은데, 이러한 경험은 분명 지원자 개인에게 소중한 기억이고, 변화의 계기가 되었을 수 있다. 하지만, 인사담당자와 면접위원의 입장에서 보면 이러한 경험은 많은 지원자의 고만고만한 사례일 수도 있다. 한 마디로 감정이입의 대상은 아니라는 것이다. 오히려, 지원자가 이에 대해 과하게 강조하거나, 몰입해 있을 경우에는 균형감이 낮다고 판단할 수도 있다. 소중한 나의 경험은 내 기억으로 만족하고, 제 3자의 시각에서 바라보자.

・・ **나만의 무기를 장착하라.**

아직 준비가 덜 되어 막연하게 취업을 생각하고 있는 지원자들의 상당수는 공통된 SPEC에 집착하는 경우가 많다. TOEIC 800, 학점 B이상, 차별되지 않은 자격증 등이 그것이다. 성실함과 책임감은 모든 지원자에게 요구하는 기본 요소이지 이로 인해 채용을 하게 되는 채용 요건은 아니다. 소위 말해서 공통 요건을 충족시킨 이후에는 나만의 특성화된 그 무언가를 만들자. 그게 인턴 경험이든, 봉사 경험이든, 지식이든 무엇이든 상관없다. 나만의 차별화된 무기를 가지고 있어야 많은 지원자 중에서 선택 받게 된다. SPEC은 입장권이 아니다.

자, 이제 본격적인 자기소개서 작성 단계로 넘어가보자!

Day 5

Day 5
자소서 길라잡이

취업 공포를 극복한 리얼한 상상

군대를 전역하자마자 IMF가 터졌다. 취업할 곳이 아무 곳도 없었다. 영업직조차 뽑지 않았다. 조교자리가 있다고 해서 대학원에 진학을 했다. 아버지는 실직을 하셨고 고통스럽게 버티는 2년이었다.

대학원 졸업할 즈음 첫번째로 S그룹의 연수원에 지원을 했다. 필자는 군대에서 인사장교도 하고 대학원에서 인사/조직을 전공했으니 면접은 볼 수 있을 줄 알았다. 하지만 결과는 서류전형 탈락이었다. 소문으로 들어 보니 외국에서 교육학을 전공한 석.박사들이 지원을 했다고 한다. 순간 모골이 송연했다. 쉽지 않다는… 이러다가 실업자가 되는 것은 아닌가 하는…

멘붕상태가 2일 정도 왔다. '어떻게 해야 하지? 어떻게 해야 하지?' 답이 안 나와서 거리를 헤매었다. 그러다가 갑자기 답이 하나 생각이 났다.

'내가 너무 쉽게 봤구나. 난 인사를 주로 했는데 교육도 가능한 줄 알고 대충 될 줄 알았던 것이 패착이다. 아예 인사쪽으로 집중해서 써 보자. 100통 써보고 안 되면 딴 길 찾자!'

이렇게 마음을 먹으니 마음이 편안해졌다. 그러면서 한가지 기준을 정했다. 내 앞에서 인사책임자가 내 자기소개서를 읽는 장면을 리얼하게 상상했다. 그가 내가 쓴 자기소개서를 읽을 때 내가 인사를 좀 안다고 생각할 수 있으려면 어떻게 해야 할까를 상상하며 한 단어 한 단어를 선택했다.

'이 단어, 이 문장을 읽으면 인사책임자가 내가 인사를 잘 할 수 있는 성격이나 경험, 지식을 가지고 있다고 생각할까?'

2개월 이상을 다듬은 것 같다. 그렇게 하자 성과가 나타나기 시작했다. 지원한 모든 곳에서 합격통보를 받은 것이다. 신기한 것은 영어 성적 란이 비어 있었는데 말이다.

그 때 알았다. 인사담당자들이 자기소개서를 자세히 읽어 본다는 것을 말이다. 이런 경험이 나중에 취업관련 서적을 쓸 수 있게 된 계기가 되었다.

필자의 경험으로 여러분께 조언을 드리면 자기소개서를 작성할 때는 아래의 몇 가지를 꼭 고려하라는 것이다.

자기소개서는 꼭 1~2개월은 다듬어라. 보통 많은 지원자들이 1주일에 대략 정리한 뒤에 Ctrl+C, Ctrl+V를 써서 제출한다. 공모전 리포트도 1개월 이상은 쓴다. 더 중요한 문서다. 1~2개월은 꼭 다듬어라.

읽어 보는 사람의 입장을 리얼하게 상상하면서 써라. 당신이 지원한 직무의 1차 서류전형 및 면접을 하는 사람이 된 것처럼 리얼하게 상상하면서 써라. 단어 하나, 이야기 하나, 문장 하나를 섬세하게 관점을 바꿔 고민하라

단어, 키워드 선택도 신중하게 하라. 사람은 동일한 개념, 단어를 쓸 때 공감을 한다. 필자도 인사에서 주로 쓰는 단어를 써서 자연스럽게 필자가 조금은 경험있고, 안다는 느낌을 주려고 노력했다. 단어나 개념이 통할 때 마음도 통한다.

혼을 담아라. 어떻게 표현을 해야 할지 모르겠다. 진심을 담아, 간절함을 담아 쓴 문서는 상대방이 반응을 해 줄 확률이 높다. 비슷한 수준의 두 사람이라면 혼을 담은 문서에 마음이 간다.

점차 취업문이 좁아지고 있다. 미세한 차이가 큰 차이를 만든다. 관점을 바꾼 리얼한 상상이 취업에 큰 도움을 줄 것이다. 힘을 내자.

효과적인 지원동기 쓰는 법

많은 분들이 자기소개를 쓸 때, 지원동기란을 어떻게 쓸까 고민을 한다. 이 칸을 어떻게 채울까 고민하다가 많이 쓰는 방법이 바로 홈페이지나 기사의 내용을 반영하든지, 어떤 에피소드를 만들어 내는 경우가 대부분이다. 이 두가지 방법은 가장 좋지 않은 방법인데 50% 이상이 이 방법으로 지원동기란을 쓰고 있다.

먼저 가장 많이 하는 방법이 홈페이지나 기사에서 현재 회사가 추진하는 내용을 요약에서 지원동기란의 30~50%를 채우고, 이런 것이 마음에 들고 자기가 해 보고 싶은 것이 있어서 지원했다는 방식으로 기술을 하는 것이다.

이런 기술방법은 읽은 사람에게 천편일률적이라는 느낌을 준다. 별 감흥이 없다. 회사 홈페이지나 기사는 회사 홍보를 위해 과장된 측면도 있고, 회사를 좀 안다는 내용을 적는다고 더 회사를 잘 알고 있는 회사 내부의 평가자들의 마음이 움직이지 않는다는 것이다.

왜 여러분만 그렇게 쓸 거라고 생각을 하는가? 많은 분들이 똑같이 쓴다고 생각은 안 하셨는지? 지원동기란은 얼마나 그의 인생이 이 일과 회사에 들어오기 위해서 준비해 왔다는 동기를 적어야 하는데 그 아까운 공간을 그 회사 홈페이지에 적은 일반적인 내용을 가지고 적는다면 너무 아쉽지 않은가?

그리고 여러분은 외부인이다. 회사 내부 사람이 보기에는 그 회사 홈페이지 내용을 좀 적어 놓는다고 회사를 좀 안다고 생각하지 않는다.

그 지원동기란에 구체적인 자신의 이야기를 넣어야 한다.

또 한 가지 어떤 에피소드를 만드는 경우이다. 은행지원자의 경우 많이 보는 기술 방식인데 가장 많이 보는 타입이 어린 시절 부모님과 함께 방문했던 이 회사의 영업점에서 만난 어떤 직원분이 너무 친절해서 그 때부터 이쪽에 관심을 가지고 입사하려 준비했다는 식의 기술이다.

여러분! 진짜 이런 기술이 상대방의 마음을 움직일 거라고 생각을 하는가? 여러분이 평가자라고 생각해 보면 이 내용을 믿을까? 어떤 개연성이 부족하다는 생각이 들지 않을까?

지원동기란을 기술하는 원칙은 일관성에 기반하여 기술을 하여야 한다. 자신이 하고 싶은 일, 그동안의 준비, 그리고 이 회사의 어떤 부분이 자신의 준비와 잘 매칭이 된다는 포인트를 발굴하여 기술을 하여야 한다. 평가자가 읽었을 때 간절함, 절실함, 진짜 하고 싶다는 느낌이 들도록 써야 마음이 움직인다.

지원동기란을 효과적으로 쓰는 방법을 요약해 보면 아래와 같다.

•• 회사와 자신이 매칭이 되는 포인트를 발굴하라

회사의 여러 정보(홈페이지, 전자공시시스템, 기사 등)을 종합적으로 확인하고 핵심적인 키워드나, 자신과 잘 매칭이 되는 키워드를 찾아낸다.

자신이 하고 싶은 일과 그 동안의 준비, 그리고 그 것이 회사의 어떤 부분과 잘 매칭이 된다는 방식으로 기술한다. 되도록 구체적으로 기술을 해야 한다.

•• 자신의 이야기를 하라

막연한 에피소드를 지어내기 보다는 자신의 이야기를 하는 것이 좋다. 자신이 이 일을 하기 위해 준비한 내용과 그 일을 하기 위해서 가장 적합한 곳이 이 회사라는 부분이 잘 기술되어야 한다.

대부분의 지원자들은 직무를 명확히 정하지 못해서 두리뭉실하게 기술 할 때가 많다. 읽는 사람의 입장에서는 일을 정해서 준비해 왔다는 부분이 더 공감이 가고 마음이 움직인다. 오랫동안 준비해 왔다는 일관성을 느낄 수 있는 사례를 반영하면 더 효과적이다.

•• "왜 우리회사를 지원하셨습니까?"에 답하는 상상을 하며 써라

"다른 좋은 곳도 많은데 왜 우리회사를 지원하셨습니까?" 라는 질문은 면접시 많이 나오는 질문이다. 면접관이 지금 눈 앞에 있다고 상상하면서 이 질문에 한 줄 한 줄 설득력 있게 답하듯이 쓰는 것이 중요하다.

인사담당자들이 선호하는 글쓰기 방법

아무리 좋은 내용을 가진 자기소개서라도 인사담당자와 면접위원에게 읽혀지지 않으면 소용이 없다. 인사담당자들이 선호하는 글쓰기 방법을 알아보자.

• 가급적 두괄식으로 써라

채용 기간마다 쌓이는 입사지원서와 자기소개서는 인사담당자에게는 큰 숙제다. 입사지원서는 그렇다 쳐도, 수많은 자기소개서를 읽느라 웬만한 내용은 지겨워서 눈에 들어오지 않을 인사담당자를 감안하자. 가급적 두괄식으로 써서 눈길을 끌고, 이에 대한 구체적 근거를 들어주면 설득력 있는 자기소개서가 될 것이다.

아래 두 사람의 자기소개서 내용을 비교해 보기 바란다.

[사례1] 중국 대상 마케팅 직무를 수행하기 위한 본인의 강점

저는 마케팅을 인문학 프레임으로 바라보는 인사이트와 중국 시장의 특수성에 대한 깊은 이해를 바탕으로 중국 대상 마케팅 직무에 딱 맞는 맞춤 역량을 갖고 있다고 자부합니다.

1.인사이트-문화와 마케팅의 만남?!
저는 8개월간 XX자동차의 마케팅 대회 활동을 통해 '문화 마케터'로서 제 역할을 발견할 수 있었습니다. XX자동차의 마케팅 프로젝트에 IT기술과 문화를

결합한 마케팅 안(VCR, LED과 공간의 만남)을 제안하며 팀에 활력을 불어넣었던 것입니다. 이는 제가 인문학적 소양을 가지고 소비자 트렌드를 공부한 것이 바탕이 되었습니다. 이와 같은 경험을 통해 다양한 인문학적 아이디어가 마케팅과 만남으로 시너지효과를 낼 수 있다는 통찰력을 가지게 되었습니다.

2. 중국 시장에 대한 깊은 이해와 통찰력
기업의 중국 진출 시 고려할 여러 사항 중에서 '문화'에 대한 특수성을 빼놓을 수 없습니다. 중국에서 4년동안 중국의 문화, 경제, 역사, 언어 등 다양한 분야를 공부하며 중국의 특수성에 대한 심도 있는 이해를 했고, 기업의 브랜드 네이밍에서부터, 마케팅 전략, 제품 전략 등 다양한 중국 진출 전략을 집중적으로 공부했습니다. 이러한 노력으로 X기업에서 주최한 〈중국 마케팅 공모전〉에서 우수상을 수상하였습니다. 문화로 중국을 바라보는 시각과 중국 시장에 대한 깊은 이해로 중국 맞춤 마케팅을 할 수 있다고 확신합니다.

[사례2] 본인의 장점을 발휘하여 성공적으로 일을 처리했던 경험

저는 중학교 2학년 때 가족 모두 중국으로 건너가 중학교, 고등학교, 대학교를 모두 중국에서 졸업하였습니다. 중국에서 현지인들과 함께 학교생활을 하면서 중국의 언어와 문화, 역사를 배웠습니다. 졸업 후에는 한국으로 건너와 미디어제작사에서 근무를 하였습니다. 미디어제작사에서 근무할 때 예능팀에서 한중합작 예능프로그램을 기획하고 있었는데, 저에게 기획안 번역과 통역을 제의하였습니다. 당시 저희 팀 업무가 아니었지만 제가 가진 장점인 중국어 통번역 능력을 활용하여 기획안을 번역했고, 중국 관계자와의 회의 시에도 통역

을 담당하였습니다. 그 결과 기획안이 통과되어 프로그램이 제작되었고, 제가 편집본 번역까지 참여하여 성공적으로 방송되었던 경험이 있습니다. 또 대학교 3학년 때 당시 유행하던 공개 오디션 프로그램의 중국 예선 프로모션이 있었습니다. 중국 유학생을 대상으로 중국어 통역을 구한다는 소식을 듣고 그 동안 중국에서 생활하면서 익힌 중국어 구사능력을 발휘할 기회라고 생각하여 중국어 통역에 처음으로 도전하게 되었습니다. 당시 한국 K-POP의 인기가 높아서 상당히 많은 인원이 참가하였고, 그 중 절반 정도가 중국 현지인이었습니다. 오랜 중국 생활로 중국어를 구사하는 것은 현지인 못지않았지만 통역을 하는 것은 전혀 다른 차원의 일이었습니다. 평소 중국어와 한국어를 함께 구사할 일이 없었기 때문에 익숙하지는 않았지만 새로운 일에 도전한다는 설렘이 있었고 오디션 참가자들의 열정에 힘을 받아 즐겁게 통역을 무사히 마친 경험이 있습니다.

위의 두 가지 사례를 비교해 볼 때, 비슷한 분량의 문장임에도 불구하고 다른 느낌을 받았을 것이다. 본인이 만약 인사담당자라면 어떤 자기소개서가 기억에 남을까 생각해 보기 바란다. 둘 다 부족하지만 두번째 사례는 중언부언해 읽기 힘들다. 첫번째 사례에 짤막한 사례를 반영하면 좀 더 좋을 것이다. 두번째 사례는 중언부언하고, 첫번째 사례는 좀 더 보완이 필요하나 간결하여 가독성이 좋다.

- **익숙한 "상황-전개-해결"의 스토리 구조가 유리하다.**
논리적 글쓰기/읽기에 익숙한 인사담당자들은 "상황-전개-해결"

구조로 구성된 스토리에 익숙하다. 즉, STAR 방법론과 동일하다. 자기소개서에도 이를 적용하면 인사담당자 입장에서 보다 친숙하게 느낄 것이며, 내용 전달 면에서도 유리하게 작용될 것이다.

다음 사례를 참고하기 바란다.

[사례1] 조직에서 구성원들과 갈등이 발생했을 때, 이를 극복했던 경험

[강-약 중간-약]
XX 모터스에서 주관하는 대학생 프레젠테이션 대회에 참여하여 대회 1등이라는 결과를 얻었던 경험이다. 짧은 기간에 대회를 준비하다 보니 구성원간의 의사소통에 어려움이 많았다. 특히 주장이 강한 팀장 때문에, 나이 어린 팀원이 의견을 내지 못하곤 했다. 그래서 중재자 역할을 맡은 나는 팀장에게는 먼저 말을 잘 들어주고, 그 후에 필요한 사항을 조목조목 반박하는 '강-약'의 태도를 보였다. 또한, 나이어린 팀원에게는 부드럽게 의견을 내게 하고, 의견을 냈을 때는 논리적인 'next'를 이끌어낼 수 있게끔 '중간-약'의 태도로 회의를 이끌어 나갔다. 이런 노력 덕분에, 프레젠테이션의 대본 한 글자, 한 글자에 구성원 모두의 생각이 반영되어 더 발전된 모습을 보여줄 수 있었고, 나는 팀원들을 이끌어가는 부드러운 리더십에 대해 배울 수 있었다. 더불어 우리 팀은 대회 1등이라는 좋은 성적까지 얻을 수 있었다.

[사례2] 어려운 상황을 극복했던 경험

민간기관인 XX협회에 인턴으로 근무할 때, 업무를 지도해주던 사수가 교통사고로 한 달간 병원에 입원하면서 사수가 맡았던 업무까지 맡아야 했던 일이 있

었다. 6개월 인턴기간 중 4개월이 넘어가며 업무가 좀 익숙해지긴 했지만, 나는 대부분 민원업무만 맡고 있었고 사업 자료 작성과 결재 서류는 사수가 알아서 처리하고 있었다. 원래 정직원이 하는 일이기 때문에 나는 별로 신경을 쓰지 않고 있었는데, 사수가 갑자기 교통사고로 한 달간 입원을 한다는 것이었다. 나는 서류 업무는 맡아본 적도 없었기 때문에 예전처럼 민원업무만 담당하려고 했는데 과장이 사수가 없는 동안 나보고 두 가지 업무를 다 하라는 거였다. 어쩔 수 없이 민원업무가 뜸한 오후 시간에 사수에게 전화로 연락을 하며 서류작업을 했다. 민원업무와 달리 문서 작성은 숫자가 필수였다. 그래도 한 달 정도 하고 나니 익숙해져서 다행이었다. 인턴기간이 만료되기 전에 전공이었던 전기분야 회사에 지원하여 합격해서 이직을 하였다.

두 사례 모두 사건 중심의 어려운 상황을 극복한 경우이지만, [사례1]은 상황-전개-해결의 익숙한 논리적인 구조를 취하고 있다. 이에 비해 [사례2]는 유사한 구조이긴 하나 해결이 미비하다 보니 소설을 읽는 듯한 느낌이 들지 않는가?
  이어서, 성장 과정에 대한 두 사례를 비교해 보기 바란다.

[사례1] 성장과정 (자유 기술)

초등학교 선생님으로 근무하셨던 아버지께서는 저희 3남매에게 "내가 당하기 싫은 일을 남에게 하지 마라"는 말씀을 강조하셨습니다. 이러한 아버지의 말씀은 제가 상대방을 공감하고, 겸손한 마음을 갖게 하는데 많은 영향을 끼쳤습니다. 저는 이를 바탕으로 저 자신에게 스스로 책임질 줄 알면서, 스스로에게 더욱 엄격함을 적용시킨다는 철학을 가지게 되었으며, 이로 인해 지금까지 수많은 동종업계 관계자들과 원만한 관계를 유지해 오는 한편, 탁월한 업무 성과로 높은 신망을 받게 되었습니다.

[사례2] **성장과정 (자유 기술)**
저는 90년 9월 2일 대구에서 1남 1녀중 장녀로 태어나서 초, 중, 고 대학 과정을 마쳤습니다. 가족은 경찰 공무원이신 엄격한 아버지와 인자하신 미소로 항상 저희를 보살펴 주시는 어머니, 무역학을 전공하는 남동생이 있습니다. 저는 여행을 좋아하여 세계 각국의 자유 배낭여행을 함으로써 낯선 곳을 두려워하거나 피하지 않는 적극성과 독립심, 리더십을 가졌습니다. 또한 처음 보는 낯선 사람과도 금방 웃고 즐길 수 있는 사교성을 가진 게 최대의 장점입니다.

[사례1]은 지원자의 철학과 장점이 성장과정에서 영향을 받아 발전되었다는 논술형 구조로 왠지 신빙성을 가지고 있다는 느낌을 받는 반면, [사례2]는 지원자의 성장과정과 가족, 취미, 성격 등이 나열형으로 기재되어 있는 정보 제공형이다. 회사 생활에 경력이 있는 인사담당자라면 논리적인 보고서에 익숙해져 있을 테니 나열형의 문장보다 논리적인 문장에 대해 익숙함을 느낄 것이며, 내용에 대한 신뢰 점수도 보다 높게 줄 것이다.

•• **과유불급 - 수식어는 적당히 써라**
무엇이든 지나치면 부족함만 못하지만, 너무 화려하거나 복잡한 수식어는 내용의 본질을 전달하는데 방해만 된다. 특히 자기소개서는 가뜩이나 지원자의 단점보다는 장점을 위주로 쓸 수 밖에 없는데, 여기에 너무 많은 수식어까지 포함된다면 누가 이를 읽고 솔직하다고 느끼겠는가?

다음 사례를 참고하기 바란다.

[사례] 성장과정 (자유 기술)

좁은 우물 속에 갇혀 있기보다는 드넓은 세상을 온몸으로 경험하면서 보다 거시적이고 글로벌한 시각을 만드는 것이 무엇보다 중요하다고 생각하시는 부모님 덕분에 14살에 저 홀로 외로이 미국 유학을 떠났습니다. 처음 미국에서 중학교에 입학했을 때 한국과는 전혀 다른 교육 환경과 너무나 자유로운 분위기에 무척 혼란스럽고 굉장히 당황스러웠던 기억이 납니다. 하지만, 너무도 무한한 자유가 주어지지만 그에 따른 무거운 책임 또한 스스로 져야 한다는 사실을 저 스스로 깨닫게 되면서, 한국에 있는 또래 친구들보다 훨씬 먼저 어른이 될 수 있었고, 앞으로의 제 미래에 대해서도 정말로 진지한 고민도 깊이 해볼 수 있었습니다.

문장을 풍성하고 감성적으로 만들어주는 수식어를 사용하면 좀 더 부드럽고 화려하게 느껴질 수 있으나, 위의 사례처럼 적절한 수준 이상이 되면 내용 전달 조차 어려워지는 상황이 되고 만다. 과유불급! 잊지 말자.

입사지원서 사진, 어떻게 찍을 것인가?

많은 분들이 입사지원을 할 때 가장 고심을 하는 것이 바로 사진이다. 도대체 어떤 사진을 넣어야 좋은 반응이 올까라는 고민이 많다.

필자도 첫 회사에 입사지원서를 2번 낸 적이 있다. 필자가 입사할 때는 오프라인 입사지원서에 사진을 붙이는 방식으로 지원을 했었다. 처음 받은 입사지원서에 열심히 자기소개서를 수기로 적다가 펜이 쭉 나가는 바람에 입사지원서를 망쳤다.

그래서 어쩔 수 없이 회사에 전화를 걸어서 입사지원서를 받을 수 있냐고 문의를 드렸더니 채용담당자가 그냥 입사지원서를 만들어서 이메일로 보내라고 하는 의견을 주었다. 그래서 똑같이 만들었는데 스캐너나 전자사진이 일반화되지 않았던 때라 넣을 사진이 마땅한 것이 없었다. 녹색 양복을 입고 있던 사진이 있었는데 사진 속 표정이 약간 찜찜했다. 시간이 없다는 핑계로 그냥 보냈다.

그 뒤에 사진이 부족하다는 생각이 들어서 사진관에 가서 똘망똘망한 표정이 나올 때까지 몇 번을 다시 찍었다. 마음에 드는 사진이 나온 상황에서 후배가 입사지원서를 한 장 가지고 왔다. 보니까 지원했던 그 회사 입사지원서였다.

'이걸 다시 써, 말어?'라는 고민을 하다가 '에라 모르겠다. 다시 쓰자.'라고 해서 다시 썼다. 그 뒤에 결과는 어땠을까?

필자는 그 회사에 입사를 했다. 입사 후 인사팀에서 일하게 되었고 필자의 평가 결과를 보고 듣게 되었다. 이메일로 제출한 첫 번째 입사지원서는 채용담당자들이 보고 '좀 애매한데'라고 하면서 광탈을 시켰다고 한다.

그런데 잘 찍은 사진을 제출한 입사지원서는 부서원들이 회람을 하면서 '이 사람 괜찮아 보이는데…'라고 했다고 한다.

서류전형을 할 때 맨 먼저 마주 대하는 것이 바로 사진이다. 사진은 그만큼 중요하다. 그런데 사진이 잘 생기고 예쁘게 나오면 좋겠지만 그것이 중요한 포인트는 아니다. 왜냐하면 그것이 기준이라면 회사원들은 모두 연예인처럼 선남 선녀만 있을 것이기 때문이다.

사진을 찍을 때 고려할 사항을 몇 가지 정리해 보면 아래와 같다.

•• 밝고 긍정적인 표정으로 사진을 찍어라.

밝고 긍정적이며 눈빛이 똘망똘망하게 보이는 사진을 찍어라. 사진에서 가장 중요한 것은 바로 긍정적인 인상, 표정과 눈빛이 똘망똘망한 것이 중요하다. 얼굴에서 밝고 긍정적인 모습이 드러나야 하는 것이다. 잘 생기고 예쁜 것보다 밝고 긍정적인 느낌이 더 중요하다.

'치아를 보이면 안 된다' 이런 기준은 없다. 예전 취업가이드에 누군가 그런 이야기를 해 놓아서 표정이 애매한 사진들이 많다. 굳어있는 인상의 사진을 제출하는 사람들도 꽤 많다. 표정을 애매하게 찍는 것보다 자신 있는 표정으로 찍어라. 입 꼬리가 올라간 웃는 표정이 좋다.

밝게 웃는 것을 싫어하는 사람은 없다. 이 책의 앞쪽에 있는 필자 사진같이 웃는 얼굴의 사진도 괜찮다.

•• 뽀샵은 적당히

뽀샵은 잡티 제거 수준으로만 해라. 너무 뽀샵을 하얗게 처리하면 얼굴이 인식이 잘 안 되어 되려 평가에 지장을 줄 수 있다. 그런데 많은 지원자들이 사진을 거의 하얗게 뽀샵처리를 한다. 판단이 안 되는 사진들이 많다. 이럴 때는 좋은 평가를 받을 수 없다. 선명하면서 밝고 긍정적인 모습이면 충분하다. 너무 꾸미려고 하지 마라.

•• 정장을 입고 찍어라

회사마다 평가기준이 다르기 때문에 무난한 정장을 입고 찍은 사진을 활용하면 특별한 문제가 되지 않는다. 검정이나 진한 색의 정장을 입고 찍으면 얼굴이 더 부각되는 효과가 있다.

•• 해상도를 잘 고려하라

회사 시스템마다 사진을 입력하는 크기가 다를 수 있다. 가로, 세로 비율을 잘 고려해서 얼굴이 찌그러지지 않도록 사진을 업로드 하는 것이 중요하다. 그리고 너무 저해상도의 사진을 쓰면 평가에 지장이 있으니 적절한 해상도의 사진을 활용하는 것이 중요하다.

그냥 쉽게 간과하기도 하는 것이 사진이지만 잘 찍어서 긍정적인 사람이라는 느낌을 주는 것이 필요하다. 취업 시에 인상이 미치는 영향은 적지 않다.

샘플로 제시된 문장을 따라서 쓰지 말고 투박해도 본인의 글을 써라

자기소개서를 작성할 때 여러분은 학교에서 제공한 취업가이드를 많이 참조할 것이다. 형식을 참조하는 건 상관없지만, 문제는 문장까지 도용하는 경우가 상당히 많다는 것이다. 필자는 이렇게 도용된 몇몇 문장을 아예 외우고 있다.

"땀의 소중함을 느끼고 싶습니다"

"사람이라면 누구나 자기를 알아주고…"

이러한 이력서를 대하는 인사담당자들의 생각은 똑같다.

'또 베꼈네. 이 사람이 자기 주관도 없나…'

결국 이런 생각이 그 사람에 대한 부정적인 이미지를 만들게 된다.

사실 취업가이드에 나와 있는 자기소개서 예문들은 90년대나 통할 만한 수준의 것들이 많다. 이런 예문을 벤치마킹하여 작성하면 대부분 특별한 것이 없다는 인상을 주게 된다. 잘 쓴 자기소개서를 벤치마킹하는 것은 좋으나, 자신의 열정이 담겨있지 않다면 그것은 그냥 짜깁기한 리포트에 불과할 뿐이다. 사회는 짜깁기한 리포트를 인정해 줄만큼 넉넉하거나 호락호락하지 않다. 좋은 말만 섞어서 작성된 자기소개서는 화려할지는 모르나 속 빈 강정이 되고 만다.

객관적인 능력이 중요하지 그깟 자기소개서 한 장이 뭐가 그리 중요하냐고 할 지 모르지만, 자신과 엇비슷한 사람들이 100:1의 경쟁을 하는 상황이라면 자신을 차별화할 수 있는 것이라곤 자기소개서밖에 없다.

자기소개서는 회사가 요구하는 자격요건을 분석하고 내가 왜 그 요건에 맞는지를 설명하는 문서이다.

따라서 "저는 어학연수를 통해서 친구들을 많이 사귀었습니다"라고 쓰는 것은 단순한 글짓기에 지나지 않는다. "저는 어학연수를 통해서 비즈니스 상황에서 활용할 수 있는 회화능력을 우선적으로 배양했습니다"라고 쓰는 것이 맞지 않을까?

"사회봉사활동을 많이 했습니다"라고 쓰는 사람도 있다. 이것을 읽은 사람은 '그래서 어쩌라구?'라는 생각이 들게 된다. "사회봉사활동을 통해서 나에게 주어진 시간과 자원의 소중함을 깨달았으며, 단 한 순간의 시간도 헛되이 보내지 않기 위해 매일 시간계획을 수립하고 점검하고 있습니다." 이 정도는 돼야 하지 않을까?

이렇게 예를 들었다고 이것을 또 그대로 활용한다면 '독毒'을 먹는 것과 같다.

여러분! 인생을 건 문서, 대입시험보다 더 치열한 취업전쟁에 뛰어들기 위한 문서, 한 장에 자신의 매력을 다 담아야 하는 문서에 남이 쓴 말들, 그것도 죽어가는 말들을 써서야 되겠는가? 짜깁기한 자기소개서로 채용담당자 또는 면접관을 사로잡을 수 있다는 오산은 이 순간부터 과감히 버려라! 자기만 똑똑하다는 생각은 버려야 한다.

오직 진실과 열정만이 통할 뿐이다. 단 하나의 단어에도 고민과 열정이 담겨있어야 한다.

필자가 여러분에게 전하고 싶은 메시지는 간단하다. 지금껏 이야기

했듯이 밋밋하고 평범한 자기소개서가 가장 위험하며, 인사담당자 또는 해당분야 팀장이 한번 만나보고 싶다는 생각이 드는 이미지를 풍겨야 한다는 것이다. 이를 위해서 명확한 자신의 컨셉을 잡아야 한다. '저는 이것도 저것도 해봤고, 뽑아만 주신다면 열심히…'보다는 '저는 이것을 하기 위해 무엇 무엇을 열심히 했습니다'라고 표현하는 것이 훨씬 효과적이다.

'고수는 고수를 알아본다'라는 말이 있다. 여러분이 고민한 한 줄의 문장에서 서류전형을 담당한 해당분야 전문가는 여러분의 체취를 느끼게 된다. 추사 김정희 같은 분이 쓰신 붓글씨에서는 아직까지도 강렬한 기운이 전달되는 것처럼, 여러분이 작성한 자기소개서의 한 줄 한 줄이 인사담당자에게 진한 감동을 줄 수 있도록 작성한다면 분명 좋은 결과가 있을 것이다.

1개월 정도의 시간을 두고 다듬고 또 다듬어라

12년 동안 대학교에 취업강의, 코칭 등을 나가 보면 우리나라 대학생들의 가장 큰 문제는 주제가 없으면 아예 움직이지 못한다는 것이다.

예를 들어 보자. 여러분! 방학 때 있는 공모전에 합격하기 위해서 보통 시간을 얼마나 쓰는가? 몇 명이 모여서 1~2개월 정도를 열심히 그 분야의 정보를 찾고, 문서를 만들고, 다듬고 또 다듬을 것이다. 합격하면 보통 100~300만원을 받게 된다.

그런데 여러분이 쓴 자기소개서는 잘 된다면 가격이 얼마 일까? 신입이 보통 괜찮은 곳에 합격한다면 연봉이 3천만원대 이상을 받을 수 있을 것이다. 즉 여러분이 쓴 자기소개서는 가격이 2~3,000만원 짜리인 것이다.

그런데 얼마나 열심히 쓰고 다듬는가? 학생들을 코칭하다가 깜짝 놀란 것은 토익공부는 해도 자기소개서 다듬는 작업을 1개월 이상 제대로 하는 사람은 보지 못했다는 것이다. 그냥 몇 시간 써서 자기가 만족하면 지원해 버리는 경우도 상당히 많이 보았다. 왜 이럴까? 원인은 누군가 가이드를 주고 시키지 않았기 때문이다.

대입시험은 누군가 범위를 주고 시키는 것이고, 공모전도 주제를 준다. 그런데 취업은 그런 것이 없으니 그냥 남 따라서 대충 자기소개서를 쓰는 것이고, 대충 스펙으로 취업이 되는 것이라는 착각에 빠져 있다.

회사 사업을 예로 들어 보자. 사업하는 방식은 크게 일반소비자를 상대로 하는 경우와 조직을 상대로 하는 경우, 두 가지로 나눠 볼 수 있다. 그런데 조직을 상대로 하는 사업에서는 특별한 경우를 제외하고는 대부분 경쟁 입찰 방식을 취하고 있다. 경쟁 입찰이란 서비스를 구매하는 회사에서 입찰공고 제안요청서, RFP를 내고, 일정한 요건에 따라 여러 업체의 제안서를 받아 검토한 후, 제안 설명회를 통해 최종적으로 한 업체를 결정하는 방식을 말한다. 그렇다면 최종적으로 낙찰을 받기 위해서는 어떠한 노력을 해야 할까? 무엇보다 입찰한 회사의 가려운 곳을 긁어줄 수 있어야 한다. 이를 위해서 영업사원의 영업·정보수집능력과 구미에 맞는 제안서 및 깔끔한 제안 설명 자료의 작성은 필수이다. 보통 10개 이상의 업체 중, 제출된 제안서를 바탕으로 2~3개 업체로 대상을 축소한 후 제안 설명회를 실시하는데, 이때 수백~수십억 원이 걸린 사업인 만큼 해당 회사의 사장이 직접 참석하는 경우가 많다. 그리고 최종적으로 가장 구미를 끄는 업체가 현장에서 결정되는 것이다. 여러분의 취업과정도 이러한 과정과 똑같다는 생각이 들지 않는가? 결국은 여러분을 사달라고 하는 것이 아닌가? 사달라면서 아무 매력도 없는 제안서를 내고 있다면 결과는 뻔하다는 것이다. 면접(제안 설명회)까지 가려면 끝까지 살아남는 2~3개의 제안서가 되어야 한다. 취업은 1인 기업가인 당신의 상품을 파는 것이다. 마케팅 방법과 거의 유사한 아래의 6단계의 노력이 필요하다. 공개입찰에 제출하는 제안서는 어느 회사에서나 1급 비밀로 취급하고 있다. 다른 경쟁자가 알면 전략이 송두리째 노출되기 때문이다. 따라서 여러분이 참조하고 있는 취업가이드의 이력서 예문은 벤치마킹 대상이 아니다. 전략이 없는 밋밋한 문서일 뿐이다. 이력서와 자기소개서는 3,000만 원짜리 문서, 1억 원짜리 문서라는 마음으로 작성해야 한다. 문서 한 장이 3,000만 원이라면 눈에 불이 켜지지 않겠는가? 취업만 된다면 그 이상의 가치가 될 수도 있다.

필자는 학생들에게 하루를 15만원 정도 잡으라고 한다. 왜냐하면 한달에 20일 정도 일할 수 있고, 보통 연봉이 3,600만원이라면 하루에

15만원을 버는 것이기 때문이다. 취업이 늦어진다면 하루에 15만원씩 까먹고 있는 것이다. 이런 상황에서 대충 적당히 할 것인가? 사업제안서를 작성하는 팀에 가보면 정말 수십 명이 눈에 불을 켜고 제안서 작성에 매달려 있는 모습을 볼 수 있다. 회사의 미래가 걸려 있기 때문이다. 심지어 디자이너를 활용하여 한 장 한 장 미적 감각이 넘치도록 꾸미는 일도 있다. 여러분이 시간과 노력을 투자한 만큼 이력서와 자기소개서는 멋진 직장으로 보답할 것이다.

아래와 같은 방식으로 1개월 이상 지원하는 직무에 매칭되는 역량 중심으로 다듬어라.

1. 수집된 정보에 따라 해당 직무에서 필요로 하는 역량을 분석하고, 자신의 성공사례 목록과 매칭해서 역량매칭표를 만든다.

2. 지원 동기, 보유기술/능력, 성격의 장단점, 입사 후 포부 등으로 필요한 항목을 구성하고, 항목별로 STAR 목록의 사례를 배치하고 브레인스토밍하듯이 계속 적는다. 2~3장이 넘어도 상관없다. 이때 유의할 것은 하고 싶은 일의 필요능력 요건에 맞추어 자기소개를 기술하여야 한다는 것이다. 예를 들면 "저는 이런 경험을 했습니다." "이런 공부했습니다."는 좋지 않고, 저는 "이 역량을 기르기 위해 이런 것을 했습니다." 등으로 말이다.

3. 작성된 내용을 키워드 및 자신의 강점을 중심으로 압축해 나가자. 해당

업무에 필요한 경험·지식 등은 강조하되, 사소한 것들은 지워 나가는 것이다. 표현이 장황해지지 않도록 간단명료하게 압축하라. 부연설명을 해야 알아들을 정도로 취업담당자나 면접관은 어리석지 않다. 1~1.5쪽 정도로 압축하는 것이 좋다. 이럴 때 수식어를 빼는 것이 효과적이다.

4. 선배나 친구에게 보여주고 비판을 받는다. 되도록 신랄하게 비판해 달라고 요청한다. 그럴수록 여러분의 자기소개서의 수준이 올라간다.

5. 작성된 마스터 자기소개서를 바탕으로 지원회사별 특성에 맞게 수정을 해서 제출한다. 지원회사를 분석하고, 채용공고와 인재상을 함께 고려하여 지원 동기 및 입사 후 포부 등을 다시 작성해야 한다. 이것이 귀찮다고 대충 작성하면 좋은 결과를 기대하기 어렵다. 거듭 강조하지만, 정성이 들어간 것과 그렇지 않은 것은 분명히 눈에 보인다.

이력서 100통을 쓸 각오로 임하되 회사마다 내용을 바꾸라

'취업하려면 이력서 100통을 쓸 각오로 임하라!'
이 말은 어찌 보면 당연하다. 앞에서 이야기했듯이 취업에는 여러

가지 변수가 있기 때문에 100통을 써서라도 확률을 높여야 한다. 또 경쟁률이 100:1인 곳도 많으니 100번은 내야 면접기회가 돌아오지 않을까?

이력서 100통 쓰기는 사실 요즘 많이 보편화되어 있다. 예전처럼 손으로 써서 작성하는 것도 아니기 때문에 노력만 하면 그리 어려운 일도 아니다. 이때 전문가들이 하라는 대로 100통을 써서 보냈는데 왜 취업이 안 되냐고 문제를 제기하는 사람들도 있지만, 여기에는 분명한 이유가 있다.

첫째, 기껏해야 회사명 정도만 바꾼 똑같은 이력서를 100통을 내는 경우이다. 이런 경우는 당연히 선택이 안 될 수밖에 없다. 인사담당자의 눈은 어디나 비슷하다. 한 군데에서 안 될 수준의 문서라면 다른 곳에서도 안 되는 것이다. 안 되는 것을 막연한 기대감으로 100통을 낸다는 것은 어리석은 짓이다. 한 군데에서 안 되면 원인을 철저히 분석해 보아야 한다. 냉철하게 비판적으로 자신의 이력서를 분석한 다음 처음부터 다시 작성하는 노력이 필요하다.

똑같은 서류 100통을 내는 것은 노력이 아닌 만용이다. 'Ctrl+C' 'Ctrl+V'를 활용한 복사해서 붙이기가 통할만큼 만만한 사회가 아니다. 심지어 이력서에 다른 회사 이름을 버젓이 적어넣는 경우도 엄청나게 많다. 이력서 100통을 쓰는 것이 어려운 이유는 각 회사의 요구에 맞게 바꿔가며 신경 써서 작성해야 하기 때문이다.

둘째, 아예 자격이 기대수준에 못 미치는 경우이다. 학점도 1~2점대이고, 그 업무를 수행하기 위한 자격증, 경험 등도 전혀 갖추지 못한 상태라면 100통이 아니라 1,000통을 내도 떨어질 수밖에 없다. 이런 경우는 전략부터 다시 짜야 한다. 취업을 위해 필요한 자격증이 없는 것이 문제라면 우선 일정 기간 그러한 자격증을 따기 위한 노력이 필요하다. 그 후에 보강된 이력으로 접근하는 것이 바람직하다. 6개월 정도 돌아가야 한다고 너무 괴로워하지 말자. 세상은 공평한 것이다. 다른 사람들이 준비할 동안 준비를 안 했으니까 이제 준비를 해야 한다고 마음먹으면 된다. 인생은 길다.

여기서 여러분이 분명히 알아야 할 것은 철저한 자기분석과 지속적인 개선이 없는 이력서 100통 쓰기는 정말 실속 없는 고생에 불과하다는 사실이다. 안 되는데 계속 찌르는 것은 무식한 행동이다. 이리 찔러봐서 안 될 것 같으면 생각을 바꿔 저리도 찔러보고 해야 비로소 뚫리는 것이 취업의 문이다.

자기를 분석하다 보면 떨어진 원인을 찾아낼 수 있다. 분석이 어렵다면 그 회사에 전화해서 떨어진 원인이라도 물어보자. 이것이 손자가 말한 '자신을 아는 것(知己)'이다. 원인을 알면 방향을 잡을 수 있다. 하루 아침에 해결할 수 없는 중요한 원인이 있다면 새로운 방향으로 전환해야 한다.

'뿌린 대로 거둔다'는 말처럼 결국 사람은 자신이 노력한 만큼 가져가는 법이다. 노력 없이 얻으려고 하지 말자. 노력의 결과는 결국 빛나는 결실로 여러분께 다가올 것이다.

자기소개서 셀프 점검 기준

자기소개서를 쓸 때 자신이 쓴 자기소개서가 잘 쓰여진 것인지 아닌지를 확인하기 어렵다는 것이 취업준비생들의 가장 큰 걱정들이다. 주변의 친구들에게 물어 볼 수도 있으나 경험이 없기는 비슷한 상황이라서 제대로 조언을 받기 어려운 것이 현실이다. 이러한 상황을 고려해서 자소서 점검 기준 몇 가지를 제공한다. 완벽할 수는 없겠지만 아래의 기준에 부합이 된다면 잘 쓰여진 자기소개서가 될 수 있을 것이다.

1. **다양한 역량에 대한 사례를 반영했는가?**

   많은 지원자들이 실수하는 것은 자신이 잘 한 큰 사례 1개를 자기소개서의 여러 군데에서 활용해 먹는다는 것이다. 가장 많이 쓰여지는 내용이 동아리 행사 성공체험기 같은 것이다. 이렇게 쓰는 것은 되도록 지양하고 여러 역량을 어필하는 성공사례를 골고루 배치했는지 점검해 보라.

2. **창의/문제해결능력, 열정/도전정신, 소통/협업능력 3가지 내용이 반영되어 있는가?**

   창의/문제해결능력, 열정/도전정신, 소통/협업능력은 어느 회사에도 빠지지 않는 공통역량이다. 이 3가지를 증명하는 사례가 자기소개서에 잘 반영이 되어 있어야 한다.

3. **성격의 장·단점이 하고자 하는 직무와 잘 매칭이 되어 있는가?**

성격의 장·단점을 보는 이유는 해당 직무와 잘 맞을 것인가를 보는 경우가 많다. 따라서 자신의 성격특성이 잘 드러나는 사례나 키워드, 별칭 등이 잘 반영되어 있어야 한다.

4. **지원동기는 와 닿는 내용인가?**

어린 시절 아버지 손을 잡고 간 OO은행의 담당자가 너무 친절해서 항상 OO은행에 취업하고 싶었다? 냉정하게 볼 때 어떤가? 다른 사람이 썼다고 냉정하게 읽어 보면 작위적이라는 느낌이 들 것이다. 자신이 어떤 일을 하고 싶고, 어떤 준비를 해 왔으며, 그 일을 하는데 이 회사가 어떻게 잘 매칭이 되는지 써야 한다. 회사의 기사 등만 보지 말고 다양한 정보를 확보해서 일 하고 싶은 이유가 타당해야 한다. 너무 과장하지는 마라.

5. **수식어, 긴 문장은 없는가?**

누구나 나르시즘이 있다. 하지만 자기소개서에 수식어가 너무 많이 들어가면 공감을 저하시키는 요소로 작용할 수 있다. 최소화하여 담백하게 쓰는 것이 중요하며, 이렇게 해야 문장이 짧아진다. 한 사례에 대하여 팩트 위주로만 기술하면 문장이 짧아지는데 여러가지 주변상황을 설명하려고 하다가 문장이 길어진다. 주변상황 설명은 최소화하라. 이해만 할 수 있으면 된다. 상황설명을 많이 해야 내 사례가 부각될 것이라는 생각은 버려라.

6. 보유능력/기술이 구체적으로 잘 기술되어 있는가?

핵심은 보유능력/기술을 쓰는 공간이다. 2차 집단에 취업을 하는 것이기에 능력과 기술이 우선시 된다. 자신이 가지고 있는 능력과 기술이 사례를 바탕으로 잘 드러나도록 기술이 되어 있는지 점검해야 한다. 원하는 직무에서 필수적으로 필요한 능력, 기술은 꼭 반영해야 한다.

7. 성장과정에는 부모님의 교훈, 자신의 가치관 등이 반영되어 있는가?

성장과정은 어떤 배경속에서 어떤 가치관을 가지고 성장했는지를 설명하는 란이다. 이 란에 꼭 들어가면 좋은 것은 부모님의 교육에서 배운 교훈, 그로 형성된 자신의 가치관 등을 구체적으로 기술해 주면 좋다.

8. 강조하는 키워드나 문장은 뽑아 내었는가?

지원동기, 성격의 장·단점, 보유능력/기술 등의 각각의 란에 내용을 통으로 기술할 수도 있지만 대표적인 키워드나 "기지로 극한의 위기를 극복하다" 등의 짤막한 문장으로 내용을 대표할 수 있는 문장을 뽑아 주면 읽는 사람의 가독성이 올라간다. 이런 측면들이 반영되어 있는지 검토해 본다.

자기소개서는 개인의 개성이 잘 들어가 있어야 한다. 하지만 필수적으로 포함될 요소가 빠져도 안 된다. 도움을 주기 위해서 〈표준 자기소개서 내용 구성양식〉을 뒤쪽에 제공한다. 이 양식의 순서대로 쓸 필요는 없다. 다만 이 양식의 요소들이 들어갔는지만 써보고 점검하면 된다. 가지고 있는 자기소개서가 있다면 이 양식에 한번 채워 보고 빠진 부분이 있는지 검토해 본다.

성공사례목록을 활용한 자기소개서 변화 사례

본 책은 샘플 제공을 최소화 하려는 것을 목표로 한다. 샘플 제공을 중심으로 하는 책들도 있지만 상당히 위험한 접근법이 될 수 있다. 따라 하다가 보면 천편일률적인 자기소개서가 나올 수 있기 때문이다. 어떤 방식으로 기술하는 것이 필요한지를 스스로 느낄 수 있도록 가이드 하는 것이 이 책의 목적이다.

하지만 이 책의 방법론으로 자기소개서를 업데이트하여 최근 크게 성장하고 있는 회사인 한샘 취업에 성공한 사례를 하나 제시한다. 샘플을 따라 할 필요는 없고, 그냥 전반적인 느낌이 어떻게 변화되었는지 보는 정도에서 활용하길 권한다. 자기소개서는 무조건 자신의 이야기를 자신의 개성이 드러나게 써야 한다.

첫 번째 자기소개서는 지원자가 일반적인 방법으로 쓴 자기소개서이다. 잘 읽어 보면 지원자가 가장 자신이 있는 대인관계라는 측면만 계속 강조가 되어 있다. 개발자로서의 강점이 잘 드러나지 않는다. 어떤 느낌인지 한번 읽어 보라. 너무 어필을 하려다 보니 많이 산만해져 있는 문제가 있었다. 또한 문장도 매우 길고 수식어도 많이 들어 있어서 가독성이 떨어지는 약점이 있었다.

자신이 가진 열정에 대하여

[늦게 배운 도둑이 날 새는 줄 모른다]
'게임타루'라는 소모임에서 3학년 여름 밤새도록 프로그래밍을 했습니다. 공모전에 낼 게임을 만들기 위해서 5명이 팀이 되어 하루 종일 같이 게임을 만들었습니다. 같이 밥을 먹고 같이 밤을 새며 같이 머리를 굴렸습니다. 재미있었습니다. 프로그래밍은 저의 인풋을 모니터를 통해 바로 결과물로 보여주었습니다. 하나씩 구현되어 가는 기능들을 볼 때 마다 뿌듯했습니다. 1학년 때 배우던 C언어로 스타크래프트라는 게임도 만들 수 있다는 선배들의 말에 대단하다 정말 대단하다는 생각을 가지고 시작한 프로그래밍이었습니다. 어느 순간 사막을 헤매고 있다는 생각이 들 정도로 어려움이 있을 때가 있지만, 고치고 구현해 보고 고치고 또 해보면 어느새 성공적으로 돌아가는 프로그램을 보면서 재미를 느꼈습니다. 세상은 넓다는 것에 자극도 받아 더 열심히 했습니다. 공모전을 위해선 게임을 많이 알아야 했습니다. 여러 커뮤니티 사이트를 다니면서 많은 게임을 보았습니다. 제 수준으로는 상상도 못한 구현이 되어있는 게임도 있었으며, 기능적인 면보다는 아이디어가 톡톡 튀는 재미있는 게임도 있었습니다. 이런 게임을 만들까 저런 게임을 만들까. 더욱더 재미있는 게

임을 만들고 싶었습니다. 그렇게 한 달간 만든 게임은 귀여운 퍼즐 맞추기 게임이었습니다. 귀여운 디자인과 반복적인 터치로 느끼는 재미를 무기로 삼았습니다. 비록 입상은 하지 못했지만, 제가 만든 게임이 안드로이드 폰으로 돌아간다는 사실이 뿌듯했고 무엇보다 제가 만든 게임이 재미있었습니다.

저는 프로그래밍이 정말 재미있습니다. 막힌 부분을 뚫어 갈 때마다 뿌듯하고 신이 납니다. 이런 과정을 거쳐 만든 소프트웨어가 온전한 기능을 할 때 보람을 느낍니다. 엘지전자는 모바일, 교통카드 시스템, 가전 제품 등 세상의 많은 영역곳곳에서 고객에게 사랑받고 있습니다. 제가 가진 열정과 소프트웨어 개발 능력은 엘지전자가 더욱 더 사랑 받을 수 있도록 도움이 될 수 있다고 생각합니다.

본인이 이룬 가장 큰 성취에 대하여

[서당개 생활 3년]
공대생인 저는 신문방송학을 복수 전공했습니다. 아나운서나 기자가 되고 싶었던 것은 아니었습니다. 남들 앞에서 주눅들지 않고 제가 하고 싶은 말을 또렷하고 명확하게 하고 싶었습니다. 대학교 1학년, 프레젠테이션을 할 때 마다 너무 긴장한 나머지 목소리, 다리, 손 떨지 않는 곳이 없었습니다. 보고 있는 사람조차 긴장할 정도로 저는 심한 무대 공포증을 가지고 있었습니다. 하지만 대학 공부는 제 자신을 발전 시키는 과정이라는 생각으로 과감하게 신문방송

학과 복수전공을 신청했습니다. 분명 서당에 있는 강아지 신세였습니다. 아나운서처럼 또박또박하게 말하며 발표 중 여유롭게 농담을 하는 모습을 보여주는 다른 학생들은 제 선망의 대상이였습니다. 신문방송학 특성상 많은 발표 수업이 있었습니다. 발표를 잘하기 위해선 많은 예행연습 밖에 없었습니다. 시간을 체크하고, 대본을 외우고, 거울 앞에 서서 어디 떨지 않나 보며 꾸준히 연습했습니다. 물론 하루 이틀만에 나아지지 않았습니다. 프리젠테이션 할 때마다 앞이 안보인 다는 말이 거짓이 아닐 정도였습니다. 매번 정신없이 발표를 하곤 했습니다. 하지만 떨더라도 열심히 하는 모습이 좋다고 격려해주는 교수님과 발표 시 하나도 안떨었다고 거짓말 해주는 학우들의 코멘트를 들으며 농담하지 말라고 말하면서도 조금은 나아지고 있나라는 생각을 하며 더욱더 노력했습니다.

쑥스럽지만 촬영수업에서 연기를 시도한 적도 있었습니다. 여섯명이서 한 조가 되어 드라마나 다큐멘터리를 제작하는 방송학 연습이라는 수업이었습니다. 저는 조원들에게 지출을 하여 연기자를 모집하기 보다 우리가 연기를 해서 드라마를 찍어보자고 하였습니다. 고된 아르바이트에 여자친구와 헤어지는 불쌍하고 어리버리한 '노머니' 역을 맡았습니다. 처절하게 열연 했던 기억은 부끄러웠지만 부끄럼 많던 서당개인 저에겐 큰 성취감과 자신감 주었습니다.

많은 발표를 하면서 부끄러웠지만 지금은 예전처럼 떨지 않게 되었습니다. 아나운서는 아니지만 당당하고 또박또박하게 말할 수 있게 되었습니다. 많은 조별활동도 하였습니다. 서당개 처지였기 때문에 더 열심히 할 수 밖에 없었습니다. 프레지라는 신기술을 발견하여 남들과는 다르게 더욱더 시각적으로 발표하여 좋은 반응을 얻기도하며, 단순하고 명확한 공대생의 시각으로 문제를 접근하여 의견을 제시하기도 하였습니다. 또한 많은 대화로 진행되는 신문방송학 수업은 제 사고와 커뮤니케이션 능력을 향상시킬수 있었습니다.

본인의 가장 큰 실패 경험에 대하여

[신입생도 고객이다]

테니스 동아리 임원으로 활동한 첫 해, 신입부원 한 자리 수 라는 큰 위기를 맞이했었습니다. 매 기수 20명 이상의 부원들로 유지되던 동아리 였기에 몇 명의 신입부원으로는 대회 참가, 정기 훈련에 차질이 생길 것이 뻔했습니다. 결국 개강 이주만에 임시총회가 열렸습니다. 위기의 원인은 저를 비롯한 임원들의 나태함에 있었습니다. 신입부원을 기대 한다면 기다리지 말고 찾아가고 흥미와 관심을 주었어야 했는데, 동아리방에 앉아서 신입생을 기다리기만 하고, 글만 적혀있는 단순한 포스터 몇 장 붙여놓고 수십명의 신입부원을 기대 했던 것입니다. 그 해는 동아리방이 학생회관 고층으로 이동하여 신입생의 접근을 기대하기 어려웠습니다. 게다가 3월 인데도 차가운 날씨가 지속되었습니다. 당연히 신입생들이 동아리로 찾아오기 힘든 환경이였습니다. 이 점을 미리 인식하지 못한 어리석음과 나태함이 위기를 불러온 것입니다.

개강이 꽤 지났기 때문에 많은 신입생이 이미 동아리나 소모임을 가입했을 시기였습니다. 머리를 짜내야 했습니다. '포스터를 많이 붙이자' 혹은 '테니스 공에 사탕을 붙여 홍보하자'는 등의 여러 목소리가 나왔습니다. 신입생들의 흥미를 끌 수 있는 아이디어가 필요 했습니다. 저는 전공을 살려보기로 했습니다. 당시 포토샵과 일러스트 수업을 듣고 있었기 때문에 이를 활용해서 사람들의 이목을 한목에 끄는 포스터를 만들기로 했습니다. 우선 근육질 몸에 과하게 웃고 있는 남자 부원들의 얼굴을 합성했습니다. 여자 부원들을 과할 정도로 날씬하고 길게 보정하고 샤라포바 옆에 자신감있게 배치하였습니다. 누가봐도 과장되었지만 흥미를 끌기엔 충분한 포스터였습니다. 그 당시 생소했던 UCC도 만들어 여러 학과 사이트에 홍보해 보기로 했습니다. 단순하게 동아리 연혁만 소개한다면 신입생의 흥미를 끌 수 없다는 생각으로 '테니스의 왕자'라는 애니메이션에 우리 부원들의 목소리를 더빙하여 특이하고 재미있게 만들어 보자고 했습니다. 결과는 좋았습니다. 신입생 뿐만 아니라 많은 학부생들이 관심을 가지고 동아리 문을 두드렸습니다.

저는 위기를 예측하지 못한 나태함이 준 큰 교훈을 얻었습니다. 하지만 동시에 사람들의 관심을 끌기 위해선 진보한 것이 아닌 뭔가 새로운 것이 필요하고 거기서 더 나아가 그 새로운 것에는 나만의 알파가 있어야 한다는 것을 배웠습니다. 이러한 경험을 바탕으로 새로운 기술을 개발하고 습득하며 저만의 알파를 더해 고객들의 흥미를 끌 수 있는 훌륭한 소프트웨어를 개발하고 싶습니다.

본인의 역량에 관하여 (지원 분야 관련 전문지식)

[나는 개발자다]
저는 멀티미디어 공학을 전공했습니다. 제가 거친 커리큘럼은 하나의 멀티미디어 콘텐츠를 만들기 위해 복합적인 능력을 기르는데 있습니다. 1학년에는 C언어로 계산기를 만들며 프로그래밍을 시작했고, 2학년 땐 포토샵으로 캐릭터를 디자인 하며, 객체지향 언어로 편의점관리 프로그램등을 만들면서 자료구조와 운영체제를 공부하였습니다. 3학년 땐 산학협력 프로젝트를 이수하며 뷰모션이라는 게임어플리케이션제작 회사에서 콘텐츠 기획을 해보았습니다. 이 외에도 여러 언어를 배우며 다양한 플랫폼을 학습하여 4학년이 되어서는 ios, android 에서 모두 작동되는 소셜 기반의 네트워크 모바일 게임을 만들 수 있었습니다.

[프로젝트 경험]
수업 중에 안드로이드 어플리케이션 프로젝트가 있었습니다. 팀장이 되어 프로젝트를 진행해 보고 싶었기 때문에 제가 팀장이 되겠다고 했습니다. 우리 조는 그 해 막 복학하여 아는 사람도 별로 없고 프로그래밍 관련 지식들도 거의 잊어버린 상태였습니다. 대부분 수업 프로젝트였기 때문에 대부분 학생들은 만들기에만 급급하였습니다. 하지만 우리 조는 대충 하지 말고 열심히 해보자 하여 수업 초부터 이미 프로젝트를 진행해 나갔습니다. 슈팅게임을 기획했지만 단순한 2D그래픽이 아닌 3D로 진행하였고 UI 기획부터 신중에 신중을 기

하였습니다. 매주 두 번씩 모임을 조직하여 부족한 점을 분석하고 스터디를 하며 지식을 쌓았습니다. 중간발표에서 우리 조의 게임을 보고 다들 놀랐습니다. 하지만 거기에 안주하지 않고 다른 사람들에게 테스트를 부탁하고 피드백을 받아가며 보완하였고 결국 우리 조는 높은 점수를 받을 수 있게 되었습니다. 남들과 다르게 점수 받는데 급급하지 않고 열정을 다해 끊임없이 노력해 최고의 결과물을 이끌어 낼 수 있었습니다.

본인의 성격에 관하여 (본인의 약점/강점에 대하여)

[책임감]

제 장점은 책임감입니다. 그래서 모든 일을 할 때 어떤 상황에서든 맡은 임무를 달성합니다. 학교에서 프로젝트를 할 때 단 한 번도 일정에 어긋난 적이 없었습니다. 한 번은 공을 차다가 발가락이 부러진 적이 있었는데 한 2주 간 입원을 해야 하는 상황이었습니다. 하지만 프로젝트가 치료 후에는 끝나는 상황이었기 때문에 무턱대고 입원을 할 수는 없었습니다. 그래서 이틀만 입원을 하고 퇴원을 하여 통원치료를 하면서 프로젝트에 임하였습니다. 육체적으로 힘들었지만 결과적으로 프로젝트를 완성했기 때문에 굉장히 뿌듯했습니다. 이 책임감으로 어떤 일이 닥쳐도 제가 맡은 일을 해낼 것입니다.

[완벽을 위한 철저함]

저는 제 임무를 완벽하게 하기 위해, 필요하다면 잠을 줄여서라도 일을 마무리 지으려 합니다. 업무성과 면에서 장점일 수 있지만, 가끔은 제 스스로를 힘들게 할 때가 있습니다. 이러한 단점을 완화하기 위해서 적절한 하루 Plan을 구상해 실천하고 있습니다.

본인의 10년 후 계획에 대하여

[입사 1년차 – 하얀 도화지에 밑그림부터]
입사 후 저의 가장 단기적인 목표는 개발자로서 필요한 역량을 차근차근 배워나가는 것입니다. 학부과정에서 배운 이론과 새로운 이론을 습득하는 능력을 바탕으로 본 사에서 제공하는 교육을 이수하고 현장에서 선임들을 도와 밑그림부터 시작한다는 마음으로 하얀 도화지를 빼곡히 채워나갈 것입니다.

[입사 5년차 – 나도 한분야의 소프트웨어 전문가]
입사 후 저의 중기적인 목표는 하루가 다르게 새롭게 나오는 신기술을 누구보다 빠르게 습득하는 능력을 가지는 것입니다. 누군가 '어떤 기술이 나왔더라' 한다면 저는 '그거 지금 내가 봤는데 이러이러 한거 같아' 라고 대답할 정도로 신기술의 동향을 파악하고자 합니다. 고객들은 새로운 기술에 관심을 가집니다. 그러한 욕구를 충족하기 위해선 누구보다 빠르게 신기술을 습득하여야 하고 거기에 저만의 A를 더해서 고객에게 내 놓아야 합니다. 따라서 저는 다양한 컨퍼런스에 적극적으로 참여하고 인터넷과 서적을 통해 기술을 습득하여 고객에 가장 빠르게 새로운 기술을 제공할 수 있는 능력을 키울 것입니다.

[입사 10년차 – 소프트웨어에서 하드웨어 까지]

한 우물에만 쓰이지 말라는 말이 있습니다. 저는 소프트웨어만 고집하지 않을 생각입니다. 소프트웨어가 빠르게 발전한다고 하지만 항상 하드웨어와 균형 잡힌 발전을 이루어야 합니다. 고객들에게는 소프트웨어 하드웨어 구분이 없습니다. 획기적이고 성능좋은 상품을 위해선 소프트웨어만 아는 개발자가 되선 안된다는 생각입니다. 하드웨어의 동향을 알고 이 하드웨어에 어떠한 기능이 있으면 좋겠다를 꾸준히 생각할 줄 알아야 한다고 생각합니다. 저는 고객들에게 사랑받는 제품을 만들 수 있도록 소프트웨어, 하드웨어 이 두개를 동시에 생각 할 수 있는 인재가 될 것 입니다.

한 멘토링 프로그램에서 이 지원자를 멘토링 하면서 STAR 성공사례목록으로 가지고 있는 보유역량을 사례중심으로 도출하고 이것을 바탕으로 자기소개서를 쓸 것을 조언했다. 기존에 감각적으로 쓴 자소서는 자신의 강점인 대인관계의 비중만 높고 다른 중요한 역량은 잘 부각이 되지 않았으나, STAR목록을 만들어 작성한 지원자의 자소서는 보유역량이 사례중심으로 골고루 배치되어 있고, 문장도 짧고 수식어도 최소화하고 사례 위주, 팩트 위주로 기술이 되어 있으며, 회사에 입사해서 하고 싶은 내용이 구체적으로 기술되어 있다.

자기소개서를 잘 쓰기 위해서는 어필하고자 하는 욕심을 줄이고, 경험을 담백하게 기술하는 것이 중요하다. 일명 힘을 뺀다고 표현할 수 있다. 여러분들께서도 이러한 관점에서 스스로의 자기소개서를 한번 검토해 보길 권한다.

한샘에 지원한 동기와 지원한 직무를 선택한 이유를 구체적으로 기술해 주세요.

"한샘의 가구처럼 아름답고 튼튼한 시스템을 구축하겠습니다."
한샘은 변신을 거듭하는 퍼스트 펭귄입니다. 대한민국의 부엌 혁명을 시작으로 침실, 거실 등의 주거 공간에 차별화된 인테리어 아이템으로 아름다운 활력을 부여하고 있기 때문입니다. 저 또한 한샘인으로서 세상에 카타르시스를 주고 싶습니다.
또한, 이같이 한샘이 일등을 달릴 수 있는 바탕에는 체계적이고 빠른 운영을 지원하는 IT 인프라가 있기에 가능하다고 생각합니다. 저는 꾸준히 키워온 개발 역량으로 한샘의 가구만큼 튼튼하고 아름다운 시스템을 구축하겠습니다.

"명품 IT 인프라 구축으로 인테리어 시장의 포식자로 변신시키겠습니다."
퍼스트 펭귄이 되기도 어렵지만 유지하기는 더욱 어렵습니다. 이 상황에서 한샘은 명품 인테리어에 어울리는 e-비즈니스 구축으로 경쟁력을 강화해야 한다고 생각합니다. 바로 이 부분에서 데이터 관리 웹페이지, 모바일 어플리케이션, 원격 제어 모듈, 편의점 관리 프로그램 등을 만들며 쌓아온 저의 개발 역량이 IT 인프라 구축뿐만 아니라 고객들이 한샘의 인테리어를 시각적으로 충분히 경험할 수 있게 하는 웹 개발 업무에 적합하다고 생각합니다.

지원한 직무와 관련하여 본인만의 강점과 성격을 기술해 주세요.

"발전을 거듭하는 인재"

저는 새로움을 추구하고, 부족함을 적극적으로 채우는 인재입니다. 개발 능력의 부족함을 느껴 학부생으로 학과 연구실에 참여, 원격제어 프로그램을 분석하고 이해도를 키웠으며, 이 경험을 통해 원격제어를 이용한 모바일 어플리케이션을 개발할 수 있었습니다. 한발 더 나아가 국가근로를 통해 웹 개발에서의 실무경험을 쌓았고, 3D 프로그래밍에 대한 필요를 느껴 SK T 아카데미에서 UNITY 3D를 학습하기도 하였습니다. 한편으로 인문학적 소양과 발표 능력을 겸비하기 위해 신문방송학을 복수 전공하였고, 육체적인 자신감을 키우기 위해 꾸준히 테니스 훈련하여 대학교 대표로 전국대회에 진출할 수 있었습니다. 이처럼 저는 꾸준하게 자신을 변화시키고 발전시켜 왔습니다. 이는 세계에서 정상 수준의 역량을 갖춘 한샘인으로 거듭나기 위해 꼭 필요한 자세라고 생각합니다.

대학생활 중 탁월한 성과를 냈거나 실패를 했던 경험에 대해 자세히 기술해 주세요.

"인문학을 겸비한 공학도"
신문방송학을 복수 전공하며 발표 능력뿐만 아니라 주전공 학점 평균 A라는 두 마리 토끼를 잡았습니다. 과도한 긴장으로 소극적인 발표를 하는 자신을 극복하기 위한 도전이었습니다. 기자와 아나운서를 목표로 하는 학우들과 경쟁하며 주눅이 들 수 있었지만, 더 큰 목소리로 이겨내려 노력했습니다. 기회가 있다면 자발적으로 발표하며, 빈 강의실에서 자세와 동선, 시간을 생각하며 끊임없이 연습했습니다. 쌓여가는 발표 경험만큼 여유를 가지고 말할 수 있었고 PR, HCI, 기사 작성 수업 등을 통해 인문학적 소양까지 기를 수 있었습니다. 동시에 주전공에도 소홀하지 않도록 학부생으로 연구실에 참여하여 산학협력 프로젝트를 진행하였고, 학생회 IT 스터디에 참여하는 등 수업 외 노력을 통해 주전공 학점 평균 A를 달성했습니다.

제 부족한 부분을 스스로 채우고자 도전했던 신문방송학 복수전공. 이 경험을 통해 저는 무엇이든 할 수 있다는 자신감과 인문학이라는 2마리의 토끼를 잡았습니다.

한샘에서 성장해 나갈 자신의 10년 후 개인적인 목표, 이루고 싶은 인생의 목표는 무엇인가요?

"고객이 경험하는 인테리어 시스템 개발"

저의 '업'에 있어서 사람들에게 의미 있는 '경험'을 줄 수 있다면 굉장히 의미 있는 일이라고 생각합니다. 그래서 개발자로서 2가지 목표를 가지고 있습니다. 하나는 고객들이 가구의 색깔 등의 옵션들을 선택하여 자신만의 가구를 조립하는 시스템 구축입니다. 자신만의 가구를 가진다는 것은 특별하며 기쁜 일이고, 이는 고객의 큰 만족을 이끌어 낼 것입니다. 다른 하나는 웹상에서 여러 아이템으로 방안을 인테리어 해보는 시스템입니다. 웹에서 사진으로만 제품을 보는 것이 아니라 3D로 구현된 자신의 방안에서 한샘의 가구를 이리저리 배치하며 꾸미는 즐거운 경험 하는 것입니다. 분명한 것은 개발자로서 한샘의 IT 인프라 구축뿐만 아니라 고객들이 가상현실에서 인테리어의 즐거움을 경험할 수 있는 개발을 하고 싶다는 것입니다. 이를 위해선 충실한 기본 직무 수행뿐만 아니라 3D 프로그래밍과 웹 개발에 대한 전문성을 키워야 할 필요성이 있습니다. 저는 풍요로운 세상을 이끄는 한샘인으로서 끊임없는 노력으로 고객의 행복을 이끌어 낼 줄 아는 개발자가 되겠습니다.

이 취준생의 자소서를 소개한 이유는 따라 하라는 것이 아니다. 변화를 느껴보라는 것이 핵심이다. 글쓰기는 개성에 따라 얼마든지 달라질 수 있다. 기준은 지키되 자신의 개성이 잘 드러나도록 쓰는 것이 핵심이다.

잘 써 놓은 뒤에 계속해서 사족을 제거해 가야 한다. 문장을 줄이는 것이 가장 어렵다. 설명을 많이 하고 싶은데 반대로 줄인다는 것이 참 어려울 것이다. 그래도 쉽게 읽히도록 어설픈 내용인 사족을 계속 제거하라.

짧고 압축된 사례가 잘 배치된 자기소개서는 평가자에게 이 지원자를 꼭 만나고 싶다는 생각이 들게 한다.

마지막으로 큰 질문 하나 또는 두개만 있는 경우 하나의 사례를 깊게 설명하라고 한 경우는 상황, 역할, 고민/행동, 결과에 맞추어 자세히 설명하고 하나의 사례만 쓰라고 한정하지 않은 경우는 짧은 여러 사례를 반영해서 지원자가 어떤 역량과 태도를 가졌는지 읽는 사람이 자연스럽게 느끼게 하는 것도 좋은 방법이다.

독자분들 자신의 개성을 담은 좋은 자소서로 취업에 성공하길 기원한다.

Day 6

Day 6

나만의 무기 장착하기

30대 기업 자소서 문항 분석

자소서를 잘 쓰기 위해서는 먼저 자소서에서 무엇을 요구하는지 파악하는 것이 반드시 필요하다. 자소서에 가장 기본이 되는 항목과 각 기업의 최근 자소서 문항을 살펴보고, 무엇을 요구하는지 파악해 보기로 하자.

기본 문항 분석
성장과정 / 지원동기 / 입사 후 포부 / 성격 및 가치관 / 보유 능력 및 기술

1. 성장과정

  30대 기업을 포함하여 기업 및 기관 등 입사지원에 있어 가장 기본이 되는 문항이자, 보통 자소서에서 첫 번째 기재하는 항목이기도 하다. 그러기에 여기서 눈길을 끌지 못하면 이후의 내용은 읽히지도 못하고 끝나기도 한다.

  성장과정은 개인의 가치관, 배경 등을 확인하고, 입사 후 구성원들과 동질감을 가질 수 있는지 여부와 지원회사가 추구하는 가치관, 인재상과 연계성이 있는지 여부를 확인하는 과정이다. 따라서, 가급적 지원 회사의 인재상, 가치관을 파악하여 이와 연계된 사항을 기재하는 것이 좋다.

  또한, 자신의 성장과정에서 환경, 어려움 극복 사례, 영향을 받았던 인물이나 사건 등을 가치관형성 과정과 연계하여 서술하면 신빙성을 더할 수 있다. 예를 들어, 외동으로 태어났지만, 어릴 때부터 주변 사람들과의 친화와 배려를 항상 염두에 두도록 교육받아서 실천하였기에 공감 능력과 솔선수범이 생활화되었다는 내용은 인화를 인재상에 포함하는 기업에서는 가점 요인으로 작용될 것이다. 어느 분야에 몰두하며, 꾸준하게 노력하여 남과 다른 결과를 얻었다거나, 결과에 상관없이 노력하는 과정을 통해 느꼈던 성취감과 만족감은 전문성을 중시하는 기업에서 가점 요인으로 작용될 것이다.

[주요 팁]
1) 지원 회사의 인재상, 가치관과 연계하여 기술한다.

2) 환경, 어려움 극복 사례가 포함되면 신빙성을 더할 수 있다.

3) 단순 나열식, 평범한 성장 과정은 관심을 끌기 어렵다.

4) 자기 주관에 너무 치우치지 마라. 자아 도취된 지원자를 선호하는 회사는 없다.

2. 지원동기

지원동기는 지원회사를 선택한 이유와 지원하는 직무와의 적합성을 확인하는 과정이다. 따라서, 지원회사에 대한 애정, 직무에 대한 목표 및 소명의식, 일에 대한 열정 등이 포함되면 긍정적인 효과를 발휘할 것이다.

지원동기에 관해서는 앞의 "효과적인 지원동기란"에서 자세히 다루었으니, 그 부분을 참고하기 바란다.

[주요 팁]

1) 회사와 자신이 매칭이 되는 포인트를 발굴하라.

2) 자신의 이야기를 하라.

3) "왜 우리회사를 지원하셨습니까?"에 답하는 상상을 하며 써라.

4) 직무에 대한 충분한 연구와 목표의식을 가지고 써라.

3. 입사 후 포부

그 전까지 기술했던 항목은 입사라는 1차 관문을 위해 과거와 현재에 관한 사항이었다. 그러나, 입사 후 포부는 입사를 가정하고 지원자가 기여할 수 있는 사항, 회사와 개인의 발전 시너지 등을 기술하는 내용으로 미래에 관한 사항이다. 즉, 미래에 관한 사항이므로 목표와 이를 실천할 수 있는 지침, 계획이 필수 요건이다.

과거와 현재에 관한 사항은 경험과 지식이라는 재료가 있는데 비해, 미래에 관한 사항이기 때문에 다소 막연해 질 수 있다. 그러나, 그러기에 더욱 가점 요인이 발생할 소지도 크다.

일단, 목표를 설정하는 것이 가장 중요하다. 직무 특성을 고려하여 해당 분야 전문성 확보를 기본으로 하되, 회사에 기여하고, 회사와 개인에게 시너지를 일으키는 것이 중요하다. 막연하게 인사전문가가 되겠다 보다, 회사의 장기적 성장을 위해 인재 육성에 힘쏟는 인사팀장이 되겠다는 목표가 더 낫지 않을까?

목표가 막연한 구호로 끝나지 않으려면, 세부 시행 계획이 구체적이고 현실적이어야 한다. 이를 위해 단계적인 계획 수립을 추천한다. 입사 후 3년 단위의 단계적 목표라든지, 직급체류 기간 동안의 시행 계획이 뒷받침되면 보다 신뢰감을 줄 수 있다. 참고로, NCS의 직무별 자료에는 각 직무별 평생경력개발경로 모형을 통해 직무능력 수준별 직무유형을 제시하고 있으니, 이를 참조하는 것도 좋겠다.

[주요 팁]

1) 직무 전문성을 기본으로 목표를 수립하라.
2) 목표는 회사에 기여하고, 회사와 개인에게 시너지 효과를 줄 수 있도록 수립한다.

3) 구체적인 단계별 계획을 포함한다.

4) NCS 평생경력개발경로 모형을 참조한다.

4. 성격 및 가치관 등

　성장과정 문항과 별도로 성격의 장단점이나 개인의 가치관을 직간접적으로 묻는 경우가 있다. 이는 성장과정과 유사하게 입사 후 구성원들과 동질감을 가질 수 있는지 여부와 지원회사가 추구하는 가치관, 인재상과 연계성이 있는지 여부를 확인하는 과정이다. 따라서, 가급적 지원 회사의 인재상, 가치관을 파악하여 이와 연계된 사항을 기재하는 것이 좋다. 성격의 장단점을 기술할 때 장점과 단점이 한쪽으로 치우치게 되면 잘난 체 한다거나, 소극적이라는 느낌을 주게 되므로, 가급적 장단점의 비중을 고르게 가져가는 것이 좋다. 단, 장점에 대한 활용 방안과 단점에 대한 보완 방안을 포함하는 것이 중요한데, 특히 단점에 대해서는 보완 방안을 세부적인 목표와 계획까지 구체적으로 제시하면 좋겠다.

[주요 팁]

1) 지원 회사의 인재상, 가치관과 연계하여 기술한다.

2) 성격의 장단점을 기술할 경우 비중을 고르게 하여 균형을 맞춰라.

3) 단점에 대해서는 보완 방안을 세부적인 목표와 계획까지 포함하라.

4) 조직생활에 치명적인 단점을 기술하는 것은 조직 생활을 하지 않겠다는 의미일 수 있다. 솔직함이 지나쳐도 안 좋다.

5. 보유 능력 및 기술

자기소개 구성 항목 중 점차 직무 중심 채용으로 중요해지고 있는 항목이다. 이는 지원 직무에 대한 이해와 분석을 바탕으로 필요한 역량을 얼마나 보유하고 있는지, 이를 지원 직무를 수행하기 위해 얼마나 노력하였는지 확인하는 내용이다. 직무와 전혀 맞지 않는 능력과 기술을 기재한 경우, 직무에 대한 이해가 떨어지는 것으로 이해될 수 있으니 연관성을 기술하는 것도 중요하다. 예를 들어, 회계 자격증을 가지고 마케팅 직무에 지원할 경우에는 "회계 자격증을 가지고 있지만, 회계 업무보다 마케팅을 하고 싶어서 지원했다"고 하기 보다 "회사의 회계/재무 정보를 파악하는 능력을 기반으로 우리회사와 경쟁업체의 상황에 기반한 현실적인 마케팅 방안 수립 및 시행에 장점을 가지고 있다."로 긍정적인 활용 방안이 포함되면 좋겠다. 당연히 능력과 기술에 대해서는 이에 대한 구체적인 활용 방안이 포함되어야 하겠다.

[주요 팁]

1) 지원 직무에 필요한 능력 및 기술인지 파악하는 것이 우선이다.
2) 지원 직무와 연관성을 제시하라.
3) 능력과 기술을 나열한다고 알아주지 않는다. 활용 방안을 구체적으로 제시하라.
4) 취득 과정을 써야 한다면 짧게 써라. 어렵게 취득했다고 알아주지 않는다.

30대 기업 주요 문항 분석

1. 삼성그룹 (2015년 하반기)

1) 삼성취업을 선택한 이유와 입사 후 회사에서 이루고 싶은 꿈을 기술하십시오. (700자 이내)
- 지원동기 및 입사 후 포부의 질문과 유사하다. 기본 문항 분석 내용을 참조하기 바란다.

2) 본인의 성장과정을 간략히 기술하되 현재의 자신에게 가장 큰 영향을 끼친 사건, 인물 등을 포함하여 기술하시기 바랍니다. (1500자 이내) - ※ 작품 속 가상인물도 가능
- 성장과정은 기본 문항 분석 내용을 참조하기 바란다. 직접 경험 사항을 기술할 때는 본인의 역할을 보여주기 위해 STAR 방법론을 포함하는 것이 좋으며, 간접 경험 사항을 기술할 때는 그로 인한 본인의 변화를 포함하는 것이 중요하다.

3) 최근 사회이슈 중 중요하다고 생각되는 한가지를 선택하고 이에 관한 자신의 견해를 기술해 주시기 바랍니다. (1000자 이내)
- 지원자의 가치관과 사회에 관한 관심 및 분석의 깊이 등을 파악하는 문항이다. 가급적 지원하는 회사와 연계된 영향 및 대응 방향을 제시하면 좋을 것이며, 장단점을 분석하여 편향되지 않는 균형감을 제시하는 것도 방법이다. 단, 종교, 정치, 인종 차별 등 다루기 민감한 사항은 피하는 것이 좋다.

2. 현대자동차 (2015년)

1) 현대자동차 해당 직무 분야에 지원하게 된 이유와 선택직무에 본인이 적합하다고 판단할 수 있는 이유 및 근거를 제시해 주십시오. (글자수 공백포함 3,000자 이내 작성)
- 지원동기를 기본으로 하되, 항목이 하나이므로 입사 후 포부 등을 포함하는 것도 가능하다.
  기본 문항 분석 내용을 참조하기 바란다.

3. SK (2015년)
SK하이닉스, SK케미칼, SK워커힐, SKC, SK가스, SK바이오팜 공통

1) 자신에게 주어졌던 일 중 가장 어려웠던 경험은 무엇이었습니까? 그 일을 하게 된 이유와 그때 느꼈던 감정, 진행하면서 가장 어려웠던 점과 그것을 극복하기 위해 했던 행동과 생각, 결과에 대해 최대한 구체적으로 작성해 주십시오. (1,000자 10단락 이내)
- 입사 이후 일어날 수 있는 어려운 상황에서의 대처 능력을 파악하기 위한 문항이다. 감정에 치우치지 않고, STAR 기법을 활용하여 기술하도록 한다. 대처 경험을 통한 교훈 및 향후 유사 사례에 대한 개선 방안이 포함되면 좋겠다.

2) 이제까지 가장 강하게 소속감을 느꼈던 조직은 무엇이었으며, 그 조직의 발전을 위해 헌신적으로 노력했던 것 중 가장 기억에 남는 경험은 무엇입니까? 개인적으로 더 많은 노력을 기울였던 일과 그 때

했던 행동과 생각, 결과에 대해 최대한 구체적으로 작성해 주십시오. (1,000자 10단락 이내)
- 지원자의 가치관과 성향을 파악하기 위한 문항이며, 지원자의 역할과 행동역량을 평가하기 위한 항목이기도 하다. 가급적 인재상을 감안한 키워드가 포함되고, 팀워크를 위해 노력했던 사례를 중심으로 쓰는 것이 좋겠다.

3) 자신에게 요구된 것보다 더 높은 목표를 스스로 세워 시도했던 경험 중 가장 기억에 남는 것은 무엇입니까? 목표 달성 과정에서 아쉬웠던 점이나 그 때 느꼈던 자신의 한계는 무엇이고, 이를 극복하기 위해 했던 행동과 생각, 결과에 대해 최대한 구체적으로 작성해 주십시오. (1,000자 10단락 이내)
- 인재상과 관련한 사항으로, stretch goal에 관한 질문이다. 일반적으로 목표는 SMART 원칙(Specific: 구체적이고, Measurable: 측정 가능하며, Attainable: 달성 가능한 수준의, Realistic: 현실적인 목표를, Time based: 시간 제한을 두고 설정하라)을 따라 설정한다. 하지만, SK 인재상 등을 비추어 보면 도전적인 목표 수립을 선호한다. 교훈과 개선방향이 포함되는 것이 좋겠다.

4) 기존과는 다른 방식을 시도하여 이전에 비해 조금이라도 개선했던 경험 중, 가장 효과적이었던 것은 무엇입니까? 그 방식을 시도했던 이유, 기존 방식과의 차이점, 진행 과정에서 했던 행동과 생각, 결과에 대해 최대한 구체적으로 작성해 주십시오. (1,000자 10단락 이내)
- 역시 인재상과 관련한 사항으로, Innovation에 관한 질문이다. 개선을 위해서

는 원리의 파악과 도전의식이 필요하다. 또한 효과적이었는지 여부를 파악하기 위해서는 측정에 관한 사항이 포함되어야 하겠다. 관심, 노력, 열정, 연구하는 자세, 도전 등의 키워드가 중요하겠다.

5) SK 입사 후 어떤 일을 하고 싶으며, 이를 위해 본인이 무엇을 어떻게 준비해 왔는지 구체적으로 기술하십시오. (1,000자 10단락 이내)
- 지원동기 질문과 유사하다. 기본 문항 분석 내용을 참조하기 바란다.

4. LG (2015년 하반기) – LG전자 인턴십

1) 본인이 가진 열정과 역량에 대하여 (500자~1,000자)
※ 본인이 지원한 직무와 관련된 경험 및 역량, 관심사항, 인턴십 지원 사유 등 자신을 어필할 수 있는 내용을 기반으로 자유롭게 기술해주시기 바랍니다. (*핵심위주로 근거에 기반하여 간략하게 기술 부탁드립니다.)
- 열정을 통한 성취에 초점을 맞추어 본인의 경험을 바탕으로 기술하고, 지원분야의 역량향상 과정을 기술하는 방안으로 구분하여 작성할 수 있겠다. 지원동기를 열정과 역량이라는 키워드로 풀어나가되, 막연하거나 추상적인 이야기가 되지 않도록 주의가 필요하겠다.

2) 본인이 이룬 가장 큰 성취경험과 실패경험에 대하여 (100자~500자)
※ 본인의 인생에서 가장 큰 성취의 경험과 실패의 경험을 적고, 그 경

험을 통하여 본인이 느끼고 배운 점에 대하여 자유롭게 기술해주시기 바랍니다. (※핵심위주로 근거에 기반하여 간략하게 기술부탁드립니다.)
- 성취와 실패의 경험에 대한 가장 무난한 접근법은 목표수립과 계획 및 실행의 성공, 실패 사례일 것이다. 계획에 관한 사항은 체계적이고, 구체적인 내용이 포함되어야 한다. 감성적으로 자아 도취되지 않도록 주의하면 좋겠다. 실패 사례는 조심해서 기술하는게 좋다.

3) 본인의 10년 후 계획에 대하여 (100자~500자)
※ 본인이 지원한 직무와 관련된 본인의 계획, 꿈, 비전에 대하여 기술해주시기 바랍니다. (※핵심위주로 근거에 기반하여 간략하게 기술부탁드립니다.)
- 입사 후 포부 질문과 유사하다. 기본 문항 분석 내용을 참조하기 바란다.

5. 롯데 (2015년 하반기) - 롯데그룹 (롯데제과, 롯데칠성음료 외 다수)

1) 지원동기 : 지원동기를 구체적으로 기술해주세요. (500자, 16줄 이내)
- 기본 문항 분석 내용을 참조하기 바란다.

2) 성장과정 : 성장과정을 구체적으로 기술해주세요. (800자, 16줄 이내)
- 기본 문항 분석 내용을 참조하기 바란다.

3) 사회활동 : 학업 이외에 관심과 열정을 가지고 했던 다양한 경험 중

가장 기억에 남는 것을 구체적으로 기술해주세요. (800자, 16줄 이내)
- 롯데그룹 핵심가치와 연계하여 어려움을 극복하고 이를 계기로 발전한 경험을 중심으로 하되, 본인의 강점과 성장 경험을 포함하면 좋겠다. 문항의 의도가 개인활동이 아닌 사회활동이니 조직 내에서의 경험이 중요하며, 조직활동에서는 STAR기법이 가장 무난하다.

4) 직무경험: 희망직무 준비과정과 희망직무에 대한 본인의 강점과 약점을 기술해주세요. (실패 또는 성공사례 중심으로 기술해 주세요) (800자, 16줄 이내)
- 지원동기 중 직무에 관련한 사항이다. 참고로, 실패 또는 성공사례 중심이라고 하면, 기본적으로 STAR 기법으로 기술하고, 이를 통한 교훈과 개선사항이 포함되는 것이 좋다.

5) 입사 후 포부: 입사 후 10년 동안의 회사생활 시나리오와 그것을 추구하는 이유를 기술해주세요. (500자, 16줄 이내)
- 기본 문항 분석 내용을 참조하기 바란다.

6. 포스코 (2015년 하반기)

1) 본인의 지원직무를 위해 필요한 역량은 무엇이며, 이 역량을 갖추기 위한 노력이나 자신만의 특별한 경험을 기술하여 주십시오. (1,800 Byte 이내)

- 지원동기 중 직무에 관련한 사항이다. 참고로, 경험은 기본적으로 STAR 기법으로 기술하고, 이를 통한 교훈과 개선사항이 포함되는 것이 좋다. 직무 역량에 대한 정의는 지식에 해당하므로 지원자가 임의로 해석하기 보다는 NCS 직무 자료와 포스코 채용홈페이지의 직무소개를 참조하는 것이 유리하다. 이를 기반으로 지원자가 재해석하는 것은 무방하다.

2) 본인의 성장과정과 학창시절에 대해 자유롭게 기술하여 주십시오. (1,800 Byte 이내)
- 기본 문항 분석 내용을 참조하기 바란다.

3) 포스코에 지원하게 된 동기에 대해 기술하여 주십시오. (1,800 Byte 이내)
- 지원동기 중 회사 선택에 관한 사항이다. 기본 문항 분석 내용을 참조하기 바란다. 회사가 추구하는 핵심가치 또는 인재상과 지원자의 가치관이 부합되는지 여부도 중요하니, 이를 중심으로 기술하는 것도 좋겠다.

7. GS (2015년 하반기) – GS칼텍스

1) 성장과정 및 학창시절에 대해서 작성해주십시오. (1,000자 이내)
- 기본 문항 분석 내용을 참조하기 바란다.

2) 지금까지 해오던 방식에서 벗어나 새로운 관점에서 일을 추진했던

경험에 대해서 작성해주십시오. (1,000자 이내)
- 인재상을 중심으로 작성하는 것이 좋다. 신뢰, 유연성, 도전, 탁월, 선제행동, 상호협력, 성과창출을 키워드로 하여 사고의 방향과 시각 및 행동의 전환을 고민하고 실행하는 것을 모티브로 STAR기법을 활용하여 기술하면 좋을 것 같다.

3) 새로운 환경이나 조직에 들어가서 갈등을 겪었던 경험과 이를 성공적으로 극복했던 사례에 대해서 작성해주십시오. (1,000자 이내)
- 역시 인재상을 중심으로 작성하는 것이 좋다. 신뢰, 유연성, 도전, 탁월, 선제행동, 상호협력, 성과창출을 키워드로 하여 STAR기법을 활용하거나, 문제인식·판단·실행의 과정을 통해 기술할 수 있겠다. 단, 독단적인 결정이나 구성원과의 마찰을 해소하지 못한 경우 인재상과 상충되므로 좋지 않은 사례일 수 있다.

4) 가장 성취감을 느꼈던 일은 무엇이었습니까? 그 일을 시작하게 된 동기와 달성하기 위해 어떤 노력을 기울였는지 작성해 주십시오. (1,000자 이내)
- 지원자의 가치관과 관심영역에 관한 사항이다. 인재상과 회사의 핵심가치를 감안하여 개인적인 성취보다 조직에서의 경험을 기술하는 것이 유리하겠다.

5) 본인이 당사에 꼭 입사해야 하는 이유와 지원 직무를 위해 했던 노력, 그리고 당사에 입사해서 이루고 싶은 목표에 대해 작성해주십시오. (1,000자 이내)

- 지원동기와 입사 후 포부에 관한 사항이다. 기본 문항 분석 내용을 참조하기 바란다.

8. 현대중공업 (2015년 하반기)

1) 자기소개 ※중요사항을 중심으로 간략히 기재 (25 Line, 2500 byte 이내)
- 성장과정과 유사하다. 기본 문항 분석 내용을 참조하기 바란다.

2) 주요경력 ※세부전공 내용 중심으로 기술 (15 Line, 1500 Byte 이내)
- 지원분야의 직무와 연계되어야 장점을 가질 수 있다. 사전에 직무정보를 반드시 확인하여 연계되는 직무를 중심으로 기술하는 것이 중요하다. 직무정보는 NCS와 회사의 채용 홈페이지를 참조하기 바란다.

3) 지원동기 ※중요사항을 중심으로 간략히 기재 (15 Line, 1500 Byte 이내)
- 기본 문항 분석 내용을 참조하기 바란다.

9. 한진 (2015년 하반기)

1) 성장과정 (600자 이내)
- 기본 문항 분석 내용을 참조하기 바란다.

2) 가치관/생활신조 (600자 이내)

- 지원자의 신념이나 가치관을 확인하는 항목으로, 회사의 인재상 또는 핵심가치와 연계되는지 여부가 중요하다. 성장과정의 사례 또는 영향을 미쳤던 사람이나 사건을 중심으로 스토리텔링하는 것도 좋은 방법이다.

3) 일반적으로 경험하기 힘든 특별한 체험/남다른 성취 경험 (600자 이내)
- 이 역시 가치관과 연결되는 항목이다. 경험을 통한 지원자의 역할과 행동이 인재상에 부합된다는 점을 강조하면 좋겠다. 최대한 STAR기법을 통해 본인의 역할 또는 노력이 중요했음을 기술하는 것이 좋다.

4) 물류에 대한 가치관 (600자 이내)
- 기업이 속한 산업에 대한 이해와 관심, 그리고 지원자의 가치관을 확인하기 위한 항목이다. 가급적 회사와 지원자의 가치관이 일치한다는 것을 보여주면 좋겠다. 구체적인 경험을 통해 가치관을 설명하는 것이 효과적이다.

5) 지원동기 및 입사 후 포부 (600자 이내)
- 기본 문항 분석 내용을 참조하기 바란다.

10. 한화 (2015년 하반기) - 한화테크윈

1) 지원동기 (500자 이내)
※ 한화테크윈을 알게 된 경로 및 관련된 구체적 경험과 지원을 결심하게 된 가장 큰 이유를 서술해 주시기 바랍니다.

- 기본 문항 분석 내용을 참조하기 바란다. 추가로 지원자의 목표와 준비도, 기업에 대한 관심도를 확인하기 위한 문항이니, 이를 적절한 수준으로 기술하는 것이 좋겠다. 공통적으로 단순 나열식은 감점요인이니 앞에서 설명한 논리적 구조와 STAR기법의 활용이 중요하다.

2) 직무역량 (500자 이내)

※ 지원하신 직무를 선택한 이유와 그 직무에 필요한 역량을 갖추기 위해 지금까지 어떠한 노력을 해 왔는지 구체적으로 서술해 주시고, 그 경험들이 앞으로 회사와 본인의 발전에 어떻게 기여할 것이라 생각하는지 작성해 주시기 바랍니다.

- 지원동기 중 직무에 관련한 사항이다. 참고로, 경험은 기본적으로 STAR 기법으로 기술하고, 이를 통한 교훈과 개선사항이 포함되는 것이 좋다. 직무 역량에 대한 정의는 지식에 해당하므로 지원자가 임의로 해석하기 보다는 NCS 직무 자료와 해당기업의 채용홈페이지의 직무소개를 참조하는 것이 유리하다. 이를 기반으로 지원자가 재해석하는 것은 무방하다. 또한, 직무에 대한 포부가 포함되어야 한다. 포부는 목표와 실행계획이 세부적으로 기술되어야 한다. 전체적으로 500자 이내면 길지 않은 분량이므로 간결하게 작성해야 하는 부담이 있다.

3) 팀워크 능력 (500자 이내)

※ 소속 팀의 도전적인 목표를 정하고 그 목표를 달성하기 위해 체계적인 계획을 세우고 실천하였던 경험을 한화의 핵심가치(도전, 헌신,

정도)와 관련 지어 구체적으로 작성해 주시기 바랍니다.
- 지원하는 직무의 성향을 감안해야 하겠으나, 기본적으로 대화와 협력, 조율이 중요하게 작용하는 사례를 포함해야 하겠다. 분량을 감안하여 간결하게 작성하며, 핵심가치 3가지 모두를 반드시 포함하기 보다 그 중 1, 2가지라도 포함하여 구체적으로 작성하는 것이 중요하다.

4) 비전 (500자 이내)
※ 본인이 지원한 직무와 관련하여 10년 후의 본인의 직무 비전과 이를 이루기 위한 본인의 계획을 작성해 주시기 바랍니다.
- 입사 후 포부에 해당한다. 기본 문항 분석 내용을 참조하기 바란다.

11. KT (2015년 하반기)

1) 회사 및 해당 직무에 지원하게 된 동기와 입사 후 회사에서 이루고 싶은 중장기적 목표에 대해 구체적으로 기술해 주십시오. (700자 이내)
- 지원 동기와 입사 후 포부에 해당한다. 기본 문항 분석 내용을 참조하기 바란다.

2) 공동의 목표를 달성하기 위해 타인과 협업했던 경험과 그 과정에서 본인이 수행한 역할, 그리고 해당 경험을 통해 얻은 것은 무엇인지 구체적으로 기술해 주십시오. (700자 이내)
- 지원자의 가치관과 성향을 파악하기 위한 문항이며, 지원자의 역할과 행동역량을 평가하기 위한 항목이기도 하다. 가급적 인재상을 감안한 키워드가 포함

되고, 팀워크를 위해 노력했던 사례를 중심으로 쓰는 것이 좋겠다. 기본적으로 STAR기법을 요청하고 있다.

3) 예상치 못한 문제의 발생으로 계획대로 일이 진행되지 않았을 때, 책임감을 가지고 적극적으로 문제를 해결한 경험과, 그 경험을 통해 얻은 것은 무엇인지 구체적으로 기술해 주십시오. (700자 이내)

- 인재상을 중심으로 작성하는 것이 좋다. 도전, 소통, 고객존중, 기본과 원칙을 키워드로 하여 STAR기법을 활용하거나, 문제인식·판단·실행의 과정을 통해 기술할 수 있겠다. 단, 독단적인 결정이나 구성원과의 마찰을 해소하지 못한 경우 인재상과 상충되므로 좋지 않은 사례일 수 있다. 참고로, 이런 유형의 문항은 경험의 내용이 중요하지 않다. 그 경험을 통해 본인의 강점을 부각시키는 것이 중요하다.

4) 본인의 경험 중 지원한 직무와 관련하여 가장 특별하고 인상 깊었던 경험에 대해 구체적으로 기술해 주십시오. (700자 이내)

- 지원동기 중 직무에 관련한 사항이다. 참고로, 경험은 기본적으로 STAR 기법으로 기술하고, 이를 통한 교훈과 개선사항이 포함되는 것이 좋다. 직무 역량에 대한 정의는 지식에 해당하므로 지원자가 임의로 해석하기 보다는 NCS 직무 자료와 KT 채용홈페이지의 직무소개를 참조하는 것이 유리하다. 이를 기반으로 지원자가 재해석하는 것은 무방하다.

12. 두산

1) 지원하는 회사와 분야(직무)에 대한 지원동기를 자유롭게 기술하세요. (50자 이상 400자 이내)
- 기본 문항 분석 내용을 참조하기 바란다. 한 가지 유의할 사항은 작성 분량이 많지 않으므로 간결하게 작성하도록 한다. 또한 두산은 다양한 산업군을 거느리고 있으므로, 두산그룹 비전와 지원하는 회사와의 유기적 연계성을 포함하면 좋을 것이다.

2) 본인의 장단점과 입사 후 장점은 어떻게 활용되고, 단점은 어떻게 보완할 수 있겠는지를 기술하세요. (50자 이상 400자 이내)
- 장점 위주로 기술하기 보다 장단점을 고르게 비중 배분을 하는 것이 좋겠다. 단, 장점에 대한 활용 방안과 단점에 대한 보완 방안을 세부적으로 기술하는 것이 중요하다. 목표와 계획을 구체적으로 제시하면 좋겠다.

3) 본인이 살아오면서 가장 도전적이었거나 가장 인상 깊었던 경험을 기술하세요. (예 : 단체활동, 아르바이트, 어학연수, 리더 경험 등) (50자 이상 800자 이내)
- 기본적으로 성장 과정에 관한 사항이다. 인재상을 감안하여 적합한 키워드를 선정하되, 개인적인 감정에 기반한 경험은 제외하는 것이 좋겠다. 가급적 조직 생활에서의 경험을 STAR기법으로 기술하는 것이 좋겠다.

13. 신세계 (2015년 하반기)

1) 당사에 지원한 이유와 입사를 위해 어떤 노력을 하였는지 구체적으로 기술하시오. (1,000자 이내)
- 지원동기에 관한 사항으로, 기본 문항 분석 내용을 참조하기 바란다. 기본적으로 회사의 인재상과 핵심가치에서 연관성을 찾는 것이 중요하다.

2) 지원한 직군에서 구체적으로 하고 싶은 일과 본인이 그 일을 남들보다 잘할 수 있는 차별화된 능력과 경험을 기술하시오. (1,000자 이내)
- 지원동기에 관한 사항으로, 기본 문항 분석 내용을 참조하기 바란다. 기본적으로 지원직무에 대한 연구가 필요하다. 직무에 필요한 역량을 정의하고, 이와 연관된 경험을 기술하여 본인의 강점을 부각시키는 편이 유리하다.

3) 학업 외 가장 열정적이고 도전적으로 몰입하여 성과를 창출했거나 목표를 달성한 경험을 기술하시오. (1,000자 이내)
- 가급적 개인적, 감성적인 경험보다는 조직 생활 경험이 유리하다. 작성은 기본적으로 STAR 기법을 통해 기술한다. 인재상 또는 핵심가치와 연계하여 키워드를 선정하는 것이 유리하며, 이를 통한 교훈이나 개선방안이 지원동기와 연결되는 것이 좋겠다.

14. CJ (2015년 하반기)

1) 여러분이 선택한 계열사와 해당 직무를 지원한 동기는 무엇인가요?

① 선택한 계열사가 아니면 안되는 이유, ② 직무에 관심 갖게 된 계기, ③ 본인이 직무를 잘 수행할 수 있는 이유(본인의 강점, 노력, 경험 등에 근거), ④ 입사 후 목표를 반드시 포함하여 구체적으로 작성해 주세요. (1000자)

- 지원동기, 입사 후 포부 등과 연계되어 있다. 회사 선택에 있어서는 CJ 계열사 중 지원회사의 비전과 지원자의 목표/비전을 연계하여 시너지 효과를 낼 수 있다는 내용이 포함되면 좋겠다. 직무와 관련해서는 우선 지원하려는 직무에 대한 분석이 중요하다. 채용홈페이지의 직무소개와 NCS직무를 중심으로 분석하고, 본인의 강점을 연계해 보자. 목표 수립에는 반드시 구체적이고 단계적인 실행계획이 필요하다.

2) 소속된 단체에서 팀원과 협력하여 최고의 성과를 내기 위해 노력했던 경험에 대해 작성해 주세요. (최근 4년 이내의 경험에 한하며, 최고의 성과를 낸 과정, 결과, 소속 단체 내에서의 역할 등을 함께 작성해 주세요.) (1000자)

- 기본적으로 STAR 기법을 통해 기술하도록 요청하고 있다. 문제인식-의사결정 과정 및 판단-실행의 과정에서 지원자의 역할을 강조하는 방법도 있다. 무엇보다 의사결정 과정에서 팀원과의 협력, 존중을 포함하고, 인재상 또는 핵심가치와 연계하여 키워드를 선정하는 것이 유리하며, 이를 통한 교훈이나 개선방안이 지원동기와 연결되는 것이 좋겠다.

3) CJ푸드빌의 외식業에 맞는 인재상을 정립해보고 아래 질문에 답해

주세요. ①본인이 생각하는 CJ푸드빌의 인재상을 만들고(지원 직무 중심으로 작성하되, 형식, 항목 수 자율) ②그렇게 작성한 이유를 설명해 주세요. ③만든 인재상과 본인이 부합하는 인물이라는 근거를 구체적인 사례를 들어 기술해 주세요. (* CJ푸드빌)

- 독특한 유형이다. 기존의 대부분 문항은 정해져 있는 인재상과 연계하여 지원동기를 작성하는 수동적 유형인데 비해, 능동적으로 인재상을 만들어 보라는 유형이다. 일단, 정답은 없지만, 인재상 중에서 하나를 선택하고 본인의 생각을 서술하는 형식은 수동적이므로 피하는 것이 좋다. 지원자의 가치관과 그 사고를 통한 경험을 평가하는 문항이라는 것을 인식하고 능동적으로 작성하면 좋을 것이다.

15. LS (2016년 상반기) – LS산전

1) 당신을 나타내는 상징은? (본인을 3가지 단어로 표현해 본다면–#○○자격증보유자#네이티브스피커#○○경험을 보유한 전문가 등…))(10자~100자)

- 예를 들어 "다양한 경험을 가진 인사 전문가" 보다 "인재육성과 평가보상 경험을 보유한 인사전문가"로 구체적인 내용이 포함되는 것이 좋을 것 같고, 이에 더해 인재상과 연결될 수 있으면 좋겠다.

2) 당신을 알고 싶습니다. (본인에 대하여 소개해 주시기 바랍니다. – 성장과정, 경험, 성격, 강/약점, 가치관, 지원동기 등) (500자~1,200자)

- 성장과정 및 지원동기를 합쳐놓은 문항으로, 지원하는 직무 또는 인재상과 연계하여 작성하면 좋을 것이다.

3) 당신은 혼자가 아닙니다. (본인이 속했던 조직(ex. 친구, 동아리, 가족, 기타모임 등)의 화합과 융화를 이끌어내기 위해 노력했던 사례와 그 결과에 대하여 기재해 주시기 바랍니다.) (500자~1,200자)
- 조직생활에 대해서는 기본적으로 STAR기법을 사용하여 기술하는 것이 일반적이다. 인재상과 연계된 사례를 기술하되, 결과는 교훈과 개선방안이 포함되도록 하고 감정이입을 최대한 배제하여 작성하면 좋겠다.

4) 최고가 되고 싶습니까?(본인 스스로 최고가 되기 위해 노력했던 경험에 대해서 작성해 주시고, 당사 지원 직무와 어떠한 연관성이 있는지 기술해 주시기 바랍니다.)(500자~1,200자)
- 인재상과 연결된 키워드를 포함하고, 지원직무에 대한 철저한 파악이 선행되어야 한다. 기본문항분석의 지원동기 중 직무에 관한 사항을 참조하기 바란다.

5) 당신에게 감동을 드리겠습니다. (누군가를 감동시키기 위해 노력했던 경험과, 그러한 노력이 상대방에게 어떻게 받아들여졌으며, 어떠한 변화로 이어졌는지 기술해 주시기 바랍니다.)(500자~1,200자)
- 인재상과 연결된 키워드를 포함하고, 가급적 개인활동보다 조직활동에서의 경험을 기술하는 것이 유리하다. 기본적으로 STAR기법을 반영하는 것이 유리하며, 과정에서 상대방에 대한 배려와 협의 등의 내용이 포함되는 것이 좋겠다.

16. 대우조선해양 (2014년 하반기)

1) 지원동기를 포함하여 자기소개서를 작성해 주십시오.
2) 경력직의 경우 경력사항을 기재해 주십시오.
* 각 항목당 글자수 공백포함 2,000자 이하 입력
- 기본 문항 분석을 참조하기 바란다.

17. 금호아시아나 (2015년 하반기)

1) 귀하가 금호아시아나그룹(1지망회사)에 지원하게 된 동기에 대해 서술해 주십시오. (100자 이상~500자 이내)
- 지원동기에 관한 사항은 기본 문항 분석 내용을 참조하기 바란다. 기본적으로 500자 이내의 제한이 있으므로 장황하게 작성하거나, 수식어가 많은 경우는 감점 요소이다. 간결하되, 구체적인 활동을 기술하는 것이 좋겠다.

2) 입사 후 10년 내 회사에서 이루고 싶은 목표는 무엇이며, 그것을 추구하는 이유와 이를 달성하기 위한 계획을 서술해 주십시오. (100자 이상~500자 이내)
- 입사 후 포부에 해당한다. 기본 문항 분석 내용을 참조하기 바란다.

3) 귀하가 지원한 직무는 무엇이며, 해당 직무에 관심을 갖게 된 계기와 이를 잘 수행할 수 있다고 생각하는 이유를 본인의 역량, 준비과정 및 관련 경험을 근거로 서술해 주십시오. (100자 이상~500자 이내)

- 지원동기에 관한 사항은 기본 문항 분석 내용을 참조하기 바란다.

4) 도전적인 목표를 정하고 열정적으로 일을 추진했던 경험과 관련 추진과정에서 겪은 어려움, 이를 극복한 방법, 그리고 그 일의 결과를 중심으로 서술해 주십시오. (100자 이상~500자 이내)
- 기업 인재상과 연관된 키워드가 포함되어야 하고, 가급적 개인활동보다 조직 활동의 경험이 유리하다. STAR기법으로 기술하되, 결론에서 교훈 및 개선방안 등이 포함되면 좋겠다.

5) 자신의 윤리&도덕적 신념을 지키기 위해 손해나 희생을 감수하고 일을 수행한 경험이 있다면 서술해 주십시오. (100자 이상~500자 이내)
- 기업 인재상과 연관된 키워드가 포함되어야 하고, 가급적 개인활동보다 조직 활동의 경험이 유리하다. STAR기법으로 기술하되, 결론에서 교훈 및 개선방안 등이 포함되면 좋겠다.

18. 대림 (2015년 하반기)

1) 당사를 지원한 동기와 입사 후 포부는 무엇입니까?
- 기본 문항 분석 내용을 참조하기 바란다.

2) 자신이 어려운 문제를 해결하여 조직의 일부 또는 전체에 상당히 긍정적인 결과를 가져온 경험이 있으면 기술해 보시오.

- 조직생활에 대해서는 기본적으로 STAR기법을 사용하여 기술하는 것이 일반적이다. 인재상과 연계된 사례를 기술하되, 결과는 교훈과 개선방안이 포함되도록 하고 감정이입을 최대한 배제하여 작성하면 좋겠다.

3) 자신이 속한 단체 또는 학교 생활 중 다른 구성원과 이해관계가 대립했던 경험을 기술하고, 이 상황을 어떻게 극복했는지 기술해 보시오.
- 기본적으로 STAR기법을 통해 기술하도록 요청하고 있다. 문제인식-의사결정 과정 및 판단-실행의 과정에서 지원자의 역할을 강조하는 방법도 있다. 무엇보다 의사결정 과정에서 팀원과의 협력, 존중을 포함하고, 인재상 또는 핵심가치와 연계하여 키워드를 선정하는 것이 유리하며, 이를 통한 교훈이나 개선방안이 지원동기와 연결되는 것이 좋겠다.

4) 자신이 팀의 일원으로서 중요한 목표를 달성하기 위하여 타인과 협력했던 경험이 있으면 기술해 보시오.
- 기본적으로 STAR 기법을 통해 기술하도록 요청하고 있다. 문제인식-의사결정 과정 및 판단-실행의 과정에서 지원자의 역할을 강조하는 방법도 있다. 무엇보다 의사결정 과정에서 팀원과의 협력, 존중을 포함하고, 인재상 또는 핵심가치와 연계하여 키워드를 선정하는 것이 유리하며, 이를 통한 교훈이나 개선방안이 지원동기와 연결되는 것이 좋겠다.

19. 부영 (2015년 하반기)

1) 성장과정
- 기본 문항 분석 내용을 참조하기 바란다. 이력서 양식이 자기소개(성장과정, 성격의 장단점, 생활신조, 특기사항, 지원동기 및 입사 후 포부)전 항목을 한 페이지에 작성하도록 하고 있으니, 글자수 제한이 없다 하더라도 가급적 간결하게 작성하는 것이 좋겠다.

2) 성격의 장단점
- 기본 문항 분석 내용을 참조하기 바란다. 장점 위주로 편향되지 않도록 주의한다.

3) 생활신조
- 기본 문항 분석 내용을 참조하기 바란다. 핵심가치와 인재상과 연계하는 것이 유리할 것이다.

4) 특기사항
- 특별히 정해진 내용은 없으나, 지원동기가 입사 후 포부와 같은 항목에 있으므로 분량이 제한적이다. 특기사항에 자격증 취득 등 직무 전문성을 가지기 위한 노력과 결과 등을 기술하는 것이 좋겠다.

5) 지원동기 및 입사 후 포부
- 기본 문항 분석 내용을 참조하기 바란다.

20. 동부 (2015년 하반기)

1) 자신이 가진 열정을 발휘하여 성취감을 느꼈던 경험을 기술하십시오. (1200Byte 이하 입력)
- 기업 인재상과 연관된 키워드가 포함되어야 하고, 가급적 개인활동보다 조직 활동의 경험이 유리하다. STAR기법으로 기술하되, 결론에서 교훈 및 개선방안 등이 포함되면 좋겠다. 과정에 초점을 맞추든, 결과에 초점을 맞추든 구체적인 내용이 포함되어야 하며, 추상적으로 '열심히 했다, 보람이 있었다'라는 정도의 감상 수준이 되지 않도록 하는 것이 좋겠다.

2) 본인의 지원직무와 관련하여 자신의 강점/약점을 기술, 약점을 보완하기 위한 노력을 기술하십시오. (1200Byte 이하 입력)
- 장점 위주로 기술하기 보다 장단점을 고르게 비중 배분을 하는 것이 좋겠다. 단, 장점에 대한 활용 방안과 단점에 대한 보완 방안을 세부적으로 기술하는 것이 중요하다. 목표와 계획을 구체적으로 제시하면 좋겠다.

3) 우리 회사에 지원하게 된 동기는 무엇이며, 입사 후 어떻게 성장해 나갈 것인지 기술하십시오. (1200Byte 이하 입력)
- 기본 문항 분석 내용을 참조하기 바란다.

21. 현대 (2015년 하반기)–현대상선

1) 본인의 경험과 기업을 바라보는 가치관에 근거하여 본인이 현대상선에 가장 적합한 인재인 이유를 기술하세요. (600자)
- 회사와 지원자의 가치관이 동질적인지 확인하는 문항이다. 회사의 핵심가치와 인재상을 감안하여 작성하며, 경험에 근거할 경우 회사 또는 지원분야와의 연계성을 감안하는 것도 좋은 방법이다. 이 경우에는 단순 나열이 되지 않도록 STAR기법을 활용하는 것이 좋겠다.

2) 본인이 참여했던 과제활동 중 가장 성공적이었던 사례를 본인의 강점과 연계하여 기술하세요. (하나 이상 가능)(400자)
- 기본적으로 조직활동은 STAR기법을 통해 기술하는 것이 기본적이다. 문제인식–의사결정 과정 및 판단–실행의 과정에서 지원자의 역할을 강조하는 방법도 있다. 무엇보다 의사결정 과정에서 팀원과의 협력, 존중을 포함하고, 인재상 또는 핵심가치와 연계하여 키워드를 선정하는 것이 유리하며, 이를 통한 교훈이나 개선방안이 지원동기와 연결되는 것이 좋겠다.

3) 본인 성격의 단점 및 이를 보완하기 위해 해온 노력에 대해 구체적으로 기술하세요. (하나 이상 가능)(400자)
- 일반적으로 장단점을 기술하는 것이 보통인데, 단점만을 기술하도록 하고 있다. 간략하게 장점을 기술하고, 넘어가는 것도 괜찮다. 예를 들어, "집중력과 목표의식이 강해서 일을 끝까지 처리하려는 성격이나, 때때로 꼼꼼하다 보니 일에 속도가 나지 않을 때도 있습니다…." 같은 구조도 괜찮은 방법이다. 단점

에 대한 보완 방안을 세부적으로 기술하는 것이 중요하다. 목표와 계획을 구체적으로 제시하면 좋겠다. 회사의 인재상이나 핵심가치, 지원직무에 대한 치명적인 단점을 기술하거나, 단점을 너무 미화시켜서 작성하지 않는 것이 좋겠다.

4) 당사 인재상 중 하나를 골라 본인의 생활신조와 부합되는 면을 기술하세요. (400자)
- 회사와 지원자의 가치관이 동질적인지 확인하는 문항이다. 억지로 끼워 맞추거나, 인재상을 임의로 해석하는 오류는 피하는 것이 좋다. 인재상을 재해석하기 위해서는 충분한 고민이 필요하다. 사례를 포함할 경우 단순 나열이 되지 않도록 STAR 기법을 활용하는 것이 좋겠다.

5) 현대상선에 입사하게 됐을 경우, 향후 10년 후 자신의 모습을 그려 보세요. (600자)
- 기본 문항 분석 내용을 참조하기 바란다.

22. 현대백화점 (2015년 하반기)

1) 당사가 귀하를 채용해야 하는 이유를 기술하시오. (자유서술, 글자수 공백포함 500자 이내)
- 지원동기와 입사 후 포부를 중심으로 기술하는 것이 좋겠다. 기본 문항 분석 내용을 참조하기 바란다. 분량이 적은 편이니, 간략하게 작성하는 것도 관건이다.

23. OCI (2015년 하반기)

1) [Chance] 기회는 오는 것인가, 찾아가는 것인가? 본인의 경험과 함께 생각을 서술하시오. (1,000자)
- 기회에 대한 지원자의 견해는 정답이 없다. 준비하고 있는 자에게 기회가 온다고 볼 수도 있고, 기회는 스스로 만들어가는 것이라고 해도 틀린 말은 아니다. 그러나, 기회를 활용하여 성과로 연결시키는 것이 중요하니, 이를 주안점으로 STAR기법을 활용하여 기술하는 것이 좋겠다. 문제인식-의사결정 과정 및 판단-실행의 과정에서 지원자의 역할을 강조하는 방법도 있다. 무엇보다 조직생활에서는 의사결정 과정에서 팀원과의 협력, 존중을 포함하고, 이를 통한 교훈이나 개선방안이 있는 것이 좋겠다.

2) [Challenge] 스스로 도전적인 목표를 설정한 적이 있는가? 이를 성취 혹은 실패했던 경험을 서술하시오. (1,000자)
- 성취와 실패의 경험에 대한 가장 무난한 접근법은 목표수립과 계획 및 실행의 성공, 실패 사례일 것이다. 계획에 관한 사항은 체계적이고, 구체적인 내용이 포함되어야 한다. 감성적으로 자아 도취되 또 너무 자존감 떨어지는 실패사례도 쓰지 않도록 하라.

3) [Change] 큰 변화를 시도한 경험이 있는가? 그 계기는 무엇이었으며 변화를 통해 얻은 것이 무엇인지 서술하시오. (1,000자)
- 인재상과 연결된 키워드를 포함하고, 가급적 개인활동보다 조직활동에서의 경험을 기술하는 것이 유리하다. 기본적으로 STAR기법을 반영하는 것이 유리하

며, 과정에서 상대방에 대한 배려와 협의 등의 내용이 포함되는 것이 좋고, 이를 통한 교훈이나 개선방안이 있는 것이 좋겠다.

4) 해당직무에 지원한 이유와 어떠한 노력을 했는지 기술하시오. (1,000자)
- 지원동기에 관해서는 기본 문항 분석 내용을 참조하기 바란다. 가급적 인재상을 감안한 키워드가 포함되고, 개인활동보다 조직활동에서 노력했던 사례를 중심으로 쓰는 것이 좋겠다. 조직활동에 관한 사례는 STAR기법이 효과적이다. 나열식, 감정이입이 되지 않도록 유의한다.

5) 자신의 성장과정 및 강점을 기술하여 주십시오. (1,000자)
- 성장과정에 관해서는 기본 문항 분석 내용을 참조하기 바란다.

24. 효성 (2015년 하반기)

1) 자신의 성장과정과 학창시절에 대해 기술하여 주십시오. (300자~500자 이내로 기술)
- 성장과정에 관해서는 기본 문항 분석 내용을 참조하기 바란다.

2) 자신의 성격 및 남다른 지식이나 재능에 대하여 기술하여 주십시오. (300자~500자 이내로 기술)
- 성장과정에 해당하며, 기본 문항 분석 내용을 참조하기 바란다. 인재상, 지원 직무와 연관된 사항을 기술하는 것이 유리하다.

3) 인생에서 성공했던 경험과 실패했던 경험을 기술하여 주십시오.
(300자~500자 이내로 기술)

- 성취와 실패의 경험에 대한 가장 무난한 접근법은 목표수립과 계획 및 실행의 성공, 실패 사례일 것이다. 계획에 관한 사항은 체계적이고, 구체적인 내용이 포함되어야 한다. 감성적으로 자아 도취되거나, 너무 자기비하 사례는 쓰지 않도록 주의하면 좋겠다.

4) 지원하게 된 동기와 입사 후 포부에 대하여 기술하여 주십시오. (300자~500자 이내로 기술)

- 지원동기와 입사 후 포부에 관해서는 기본 문항 분석 내용을 참조하기 바란다. 단, 글자수의 제한을 감안하여 간결하게 작성하도록 한다.

25. 대우건설 (2015년 하반기)

1) 언제, 어떤 계기를 통해 대우건설(or 건설업)에 관심을 갖게 되었으며, 이후 대우건설(or 건설업)에 대한 이해도를 높이기 위해 구체적으로 어떤 노력을 해 왔는지 작성해 주시기 바랍니다. (최소 30자~700자 제한)

- 지원동기는 기본 문항 분석 내용을 참조하기 바란다.

2) 대우건설 내 희망 직무는 무엇이며, 직무 수행에 필요한 지식, 기술 등 남들과 다른 전문성을 갖추기 위해 어떤 준비를 하였는지 구체적으로 작성해 주시기 바랍니다. (최소 30자~700자 제한)

- 지원동기는 기본 문항 분석 내용을 참조하기 바란다.

3) 인턴, 아르바이트 등 경제(사회)활동 중 어려움을 겪었던 사례를 제시하고, 그것을 어떻게 극복하였으며, 과정에서 느낀 점이 무엇인지 구체적으로 작성해 주시기 바랍니다. (최소 30자~700자 제한)
- 문항의 의도를 봤을 때 개인활동이 아닌 사회활동이나 조직 내에서의 경험이 중요하며, 조직활동에서 겪었던 사례는 STAR기법으로 기술하는 것이 무난하다. 회사의 핵심가치와 연계하여 어려움을 극복하고 이를 계기로 발전한 경험을 중심으로 하되, 본인의 강점과 성장 경험을 포함하면 좋겠다. 개인적인 감성에 치우치지 않도록 유의하라.

4) 당사가 운영하고 있는 해외현장 중 한 곳으로 배치 받는다면 어느 현장(국가)를 희망하며 이유는 무엇인지, 본인이 그곳에 적응하기 위해 필요한 역량들을 어떻게 갖추고 있는지를 객관적 증거를 들어 작성해 주시기 바랍니다. (최소 30자~700자 제한)
- 해외수주가 많은 글로벌기업으로서 현실적인 요청에 따른 문항이라고 하겠다. 적극적인 자세로 해외 근무에서 발생할 수 있는 상황에서 극복방안을 제시하되, 종교 등 사적인 이유로 근무가 곤란한 지역에 대해 미리 양해를 구하는 것은 무방하다. 사전에 해외지사와 법인에 관한 정보를 파악하는 것도 필요하겠다.

26. S-OIL (2015년 상반기)

1) 귀하가 회사를 선택하는 기준은 무엇이며 왜 당사가 그 기준에 적합한지를 작성하고 당사에 입사하여 이루고 싶은 목표(직무 관련)에 대해 작성해주세요. (700자 이내)

- 지원동기에 해당하는 부분이며, 회사의 인재상, 핵심가치와 동질성을 파악하는 문항이다. 기본 문항 분석 내용을 참조하기 바란다. 회사의 어떤 부분에 반해서 지원한다는 소극적 자세가 아니라, 입사하여 어떤 성과를 내고자 한다는 적극적인 자세를 요구하고 있다.

2) 대학생활 중 가장 뛰어난 성과를 거두었던 경험이 무엇이었으며, 그 과정에서 어떠한 노력을 하였고 무엇을 배웠는지 작성해주세요. (500자 이내)

- 기본적으로 개인활동보다 조직활동의 성과를 기술하는 것이 유리하며, STAR 기법을 통해 기술하거나, 문제인식-의사결정 과정 및 판단-실행의 과정에서 지원자의 역할을 강조하는 방법도 있다. 무엇보다 의사결정 과정에서 팀원과의 협력, 존중을 포함하고, 인재상 또는 핵심가치와 연계하여 키워드를 선정하는 것이 유리하며, 이를 통한 교훈이나 개선방안이 지원동기와 연결되는 것이 좋겠다.

3) 살면서 가장 어려웠던 경험은 무엇이었으며, 그것을 극복하기 위해서 어떠한 노력을 하였고 결과가 어떠하였는지 작성해주세요. (700자 이내)

- 개인활동보다 조직 내에서의 경험이 중요하며, 조직활동에서 겪었던 사례는

STAR기법으로 기술하는 것이 무난하다. 회사의 핵심가치와 연계하여 어려움을 극복하고 이를 계기로 발전한 경험을 중심으로 하되, 본인의 강점과 성장 경험을 포함하면 좋겠다. 개인적인 감성에 치우치지 않도록 유의하라.

4) 타인과의 협업 과정에서 나타나는 본인의 장점 및 단점, 단점을 극복하기 위한 노력 등을 사례를 통해 구체적으로 작성해주세요. (700자 이내)
- 지원자의 가치관과 성향을 파악하기 위한 문항이며, 지원자의 역할과 행동역량을 평가하기 위한 항목이기도 하다. 가급적 인재상을 감안한 키워드가 포함되고, 팀워크를 위해 노력했던 사례를 중심으로 쓰는 것이 좋겠다. 기본적으로 STAR기법을 요청하고 있다. 단점에 대한 보완 방안을 세부적으로 기술하는 것이 중요하다. 목표와 계획을 구체적으로 제시하면 좋겠다. 회사의 인재상이나 핵심가치, 지원직무에 대한 치명적인 단점을 기술하거나, 단점을 너무 미화시켜서 작성하지 않는 것이 좋겠다.

5) 소위 말하는 스펙(학교, 학점, 전공, 어학점수 등)을 제외하고 S-OIL이 귀하를 채용하기 위하여 반드시 알아야 할 것이 있다면 무엇이고 그 이유에 대하여 작성해주세요. (700자 이내)
- 지원동기와 입사 후 포부를 중심으로 기술하는 것이 좋겠다. 기본 문항 분석 내용을 참조하기 바란다. 전문성 등 구체적인 내용이 없이 열정, 패기 등 연계성 없는 다짐 중심으로 기술할 경우 설득력이 매우 떨어진다는 점을 감안하기 바란다.

27. 영풍 (2015년 하반기)

1) 성격의 장단점
- 장점 위주로 기술하기 보다 장단점을 고르게 비중 배분을 하는 것이 좋겠다. 단, 장점에 대한 활용 방안과 단점에 대한 보완 방안을 세부적으로 기술하는 것이 중요하다. 목표와 계획을 구체적으로 제시하면 좋겠다.

2) 사회봉사활동, 교내활동 등 남다른 경험
- 개인활동보다 조직 내에서의 경험이 중요하며, 조직활동에서 겪었던 사례는 STAR기법으로 기술하는 것이 무난하다. 회사의 핵심가치와 연계하여 어려움을 극복하고 이를 계기로 발전한 경험을 중심으로 하되, 본인의 강점과 성장 경험을 포함하면 좋겠다. 개인적인 감성에 치우치지 않도록 유의하면 좋겠다.

3) 특기(자신의 자랑)
- 보유기술 및 능력을 기술하라. 자격증 취득 등 지원 직무에 대한 전문성을 가지기 위한 노력과 결과 등을 기술하는 것이 좋겠다.

4) 입사 후 각오 (장래포부, 인생목표, 직업가치관 등)
- 지원동기와 입사 후 포부를 중심으로 기술하는 것이 좋겠다. 기본 문항 분석 내용을 참조하기 바란다.

5) 컴퓨터 활용능력
- 단순히 보유 기술을 나열하기 보다, 컴퓨터를 통해 성과를 냈던 사례가 포함

되면 좋겠다.

28. KCC (2015년 하반기)

1) 개인의 성장과정 및 차별화된 강점 기술 (공백 포함, 10줄 이내로 작성)
- 성장과정과 관련하여 기본 문항 분석 내용을 참조하기 바란다.

2) KCC 지원동기 및 사내에서 이루고 싶은 목표 (공백 포함, 10줄 이내로 작성)
- 지원동기와 입사 후 포부에 해당한다. 기본 문항 분석 내용을 참조하기 바란다.

3) 지원분야(직무) 준비한 과정 개인의 경험을 토대로 구체적 기술 (공백 포함, 10줄 이내로 작성)
- 지원동기에 해당하는 부분으로 기본 문항 분석 내용을 참조하기 바란다.

4) KCC 인재상 중 자신에게 가장 부합하는 항목 선택하여 개인의 경험과 함께 구체적 기술 (공백 포함, 10줄 이내로 작성)
- 회사와 지원자의 가치관이 동질적인지 확인하는 문항이다. 억지로 끼워 맞추거나, 인재상을 임의로 해석하는 오류는 피하는 것이 좋다. 인재상을 재해석하기 위해서는 충분한 고민이 필요하다. 사례를 포함할 경우 단순 나열이 되지 않도록 STAR 기법을 활용하는 것이 좋겠다

5) [이공계 석사 소지자] 석사 취득 시 논문주제 및 연구내용 기술
- 해당자에 한한다. 주제를 정한 이유와 연구방법, 연구결과를 잘 기술해야 한다.

29. 미래에셋 (2015년 상반기) – 미래에셋생명 인턴십

1) 나는 어떤 조직문화를 가진 기업에 근무하고 싶은가? (500자 이내)
   - 지원자의 가치관과 회사에 대한 이해와 관심을 연계하는 문항이다. 회사의 핵심가치, 인재상 등을 검토하여 재해석해보는 것도 방법이 될 수 있다. 기본적으로 지원동기에 해당하는 사항이다.

2) 어떻게 그런 생각이 형성되었는가? (500자 이내)
   - 첫 번째 문항과 연결되는 문항이다. 추상적인 내용보다는 구체적인 경험 등이 뒷받침되면 좋을 것이다.

3) 가장 오랫동안 관심을 갖고 노력해 온 일은 무엇인가? (500자 이내)
   - 지원자의 관심분야와 그에 대한 역량을 파악하려는 문항이다. 지원분야와 관련한 경험을 바탕으로 기술하는 것이 좋으며, STAR기법을 활용하도록 한다.

4) 우리 회사에서 성과를 내고자 하는 분야는 무엇인가? (500자 이내)
   - 지원 동기 중 직무에 해당하는 문항이다. 사전에 지원 직무에 대한 충분한 연구와 관심이 필요하다.

5) 가까운 미래에 우리 회사가 당면하게 될 문제를 하나 선정하여 해결책을 제시하시오. (500자 이내)
   - 회사 및 업종에 대한 관심과 창의력 및 문제해결 능력을 포함하는 문항이다. 전략적 사고를 기반으로 접근하는 것이 좋겠다.

6) 회사 내에서 개인의 경쟁력은 어떻게 향상되는가? (500자 이내)
- 기본적으로 직무에 대한 전문성 향상을 예시로 들 수 있지만, 브랜드, 네트워크 등 회사를 통해 얻을 수 있는 가치의 향상도 포함할 수 있다. 무엇보다 개인과 회사의 공동 목표를 추구할 때 시너지가 날 수 있다는 부분이 포함되면 좋겠다.

30. 동국제강 (2015년 하반기)

1) 성장과정
- 기본 문항 분석 내용을 참조하기 바란다.

2) 자신의 성격 및 생활신조
- 지원자의 신념이나 가치관을 확인하는 항목으로, 회사의 인재상 또는 핵심가치와 연계되는지 여부가 중요하다. 성장과정의 사례 또는 영향을 미쳤던 사람이나 사건을 중심으로 스토리텔링하는 것도 좋은 방법이다.

3) 학내 외 활동
- 인재상과 연결된 키워드를 포함하고, 가급적 개인활동보다 조직활동에서의 경험을 기술하는 것이 유리하다. 기본적으로 STAR기법을 반영하는 것이 좋으며, 과정에서 상대방에 대한 배려와 협의 등의 내용이 포함되어야 한다.

4) 지원동기 및 입사 후 포부 　 - 기본 문항 분석 내용을 참조하기 바란다.

1주일에 2권 읽는 독서 비법

　점점 좁아지는 취업시장에서 살아 남으려면 자신만의 무기 몇 가지를 보유하고 있어야 한다. 돈을 안 들이고 만들 수 있는 무기 중 가장 효과적인 것이 바로 독서이다.

　취업 면접 시 가장 많이 나오는 질문 중에 하나는 "책을 얼마나 읽느냐?" 또는 "주로 어떤 책을 읽느냐?" 하는 것이다.

　어설프게 "예 한달에 2~4권 읽습니다."라고 했다가 면접관이 "그럼 최근 3개월동안 읽은 책 이름만 좀 말해 주시겠습니까?" 라고 할 때 얼굴이 빨갛게 변하는 사람을 참 많이 보았다.

　책을 읽는 것을 체크하는 이유는 새로운 것을 얼마나 잘 받아들이고 스스로 발전하는 학습능력이 있는지 확인해 보는 것도 있고, 지원한 분야에 대한 고민의 깊이, 폭넓은 상식과 생각을 알아 보기 위해서 질문하는 경우가 많다.

　이런 의도임에도 실제 지원자들은 자신감 없이 설명한다든지, 주로 한정된 분야에 국한되어서 책을 읽는다든지 하는 약점을 자주 드러낸다.

　"좋아하는 것이 무엇입니까?" 라는 질문에

　"네. 저는 책 읽는 것을 좋아하는데 소설, 자기계발, 고전 등 가리지 않고 읽는 편입니다."

　"그럼 고전 중에 좋아하는 것은 어떤 책입니까?"

　"네 저는 논어를 좋아하는데 가장 기억에 남는 구절은 "내가 당해서 싫은 일을 남에게 하지 말라."라는 구절이었습니다."

만약 이렇게 답하는 지원자가 있다면 여러분은 어떤 점수를 줄 것인가? 필자는 학습능력과 사고능력에서 높은 점수를 주고 싶을 것이다.

하지만 독서가 익숙하지도 않고 시간도 없는 지원자들이 많다. 이런 분들 위해서 1주일에 2권의 책을 읽는 비법을 소개한다.

•• 처음부터 읽지 말고 재미있는 곳만 우선 읽어라

대부분의 분들이 머리말, 서론쪽 읽다가 잠이 들거나, 지루함을 느낀다. 그래서 매번 도서관에서 빌린 책의 앞부분만 보다 마는 경우가 많다.

책을 10권 이상 써본 필자의 입장에서 이야기 하면 300페이지짜리 책에서도 핵심테마나 저자가 '이건 정말 자신 있어!'라는 부분은 그리 많지 않다. 목차를 보다가 그런 재미있을 것 같은 부분만 우선 읽어라. 그럼 그 책 읽은 것이다. 그렇게 생각해라.

왜냐하면 누가 물어도 핵심을 설명할 수 있기 때문이다.

•• 블로그에 재미있게 읽은 핵심 구절을 타이핑 해 놓는다

진짜 읽은 것 맞냐는 질문에 스마트폰 열고 블로그를 보여주면 그냥 끝이다. 이제 독서카드는 블로그로 만들어라. 블로그에는 책 글감도 있어서 입력하고 관리하기 편하다.

또 신기한 것이 가끔 블로그에 가서 자신이 만든 독서카드를 좀 읽다가 보면 다시 상기도 되고, 수집욕도 자극한다.

필자의 비법은 경제/경영, 자기계발, 인문/고전, 역사, 소설 등으로 블로그나 에버노트에 목차를 나눠 놓고 독서카드를 쓰는 것이다. 빈 곳이 있으면 허전하게 되니까 다양하게 골고루 읽게 된다.

•• **주제별로 추적하는 방식으로 읽으면 수십권도 한번에 본다**

만약 어떤 직무, 어떤 주제를 정해서 책을 읽으면 1~2일에 수십권을 읽을 수도 있다. 예를 들어서 이순신이라는 주제로 책을 읽는다면 난중일기를 대략 읽어 보고, 전투장면이 나오는 임진장초라는 장계모음집을 읽어 보고, 조선왕조실록 웹사이트에서 이순신 검색어로 검색해 보고, 적인 일본 책 중에서 관련된 책을 읽어보면 아주 깊이 있는 지식을 단시간에 얻을 수 있다.

실제 면접 시 가장 도움이 되는 독서법이다. 한 회사에 서류전형 합격통보를 받았다면 도서관을 가서 그 분야나 직무에 관련해서 이 방법으로 리포트를 쓴다고 생각하고, 책을 쫙 쌓아 놓고 중요한 곳만 퀵으로 보면서 노트북이나 스마트폰으로 기록해 놓는 것이다. 그러면 답변이 술술 나온다.

요리할 때 요리재료가 좋은 사람이 이길 확률이 높다. 독서카드를 재료 준비라고 생각해 보자. 서류전형은 잘 통과 되는데 면접에서 계속 떨어지는 분이라면 이 방법이 일정부분 효과를 볼 수 있을 것이다.

필승면접 비법 01 – '이 따위 회사!'라고 생각하라

근 20여년 동안 수 만 명의 지원자분들을 채용하면서 느낀 점인데 긴장하면 끝이라는 것이다. 면접대기장에서 지켜 보면 긴장한 분들은 얼굴 표정이 굳어 있는데 그런 분들은 자신의 본래 능력을 잘 발휘하지 못하고 결과가 좋지 못한 것을 많이 보았다.

그런데 다른 지원자에 비해서 좀 이력이 부족해 보여도 얼굴이 편안하고 자신감 있어 보이는 분들은 면접시에 좋은 결과를 얻는 것을 많이 보았다. 왜 이런 결과가 일어날까?

오랫동안 고민을 해 본 결과 '기대감에 의한 긴장'이 가장 큰 원인이었다. 이 회사에 꼭 들어 오고 싶어서 너무 잘 하고 싶을 때 사람은 긴장을 하기 시작한다.

긴장을 한번 하면 갑자기 머리 속이 하얗게 변해 버리는 문제가 발생을 한다. 자기소개부터 버벅거리게 되고 첫단추가 꼬이다 보니 질문에 대한 대답도 자꾸만 초점이 어긋나게 된다.

그런데 운 좋게 왔다고 생각되는 사람은 별로 기대를 안 하니까 자연스럽게 자신의 모습을 보여주고 하고자 하는 표현을 잘하는 경우를 많이 보았다. 면접 최대의 적은 긴장이다.

그럼 긴장을 줄이고 자신이 가진 것을 최대한 발휘하는 필승 면접 비법 몇가지를 소개한다.

•• '이 따위 회사'라고 생각한다

너무 가고 싶어지면 거꾸로 엄청나게 긴장을 타게 된다. 이 때 '흥! 이 따위 회사, 날 알아 보고 모시든지…' '당신들 나 놓치면 손해 보는 거야. 내가 지켜 볼 께.'라고 거꾸로 당당히 생각하고 그냥 대기장에서 미소 지으며 편하게 있어라. 어차피 취업은 운이 많이 따른다.

이렇게 하면 긴장 없이 아주 자신감 있게 면접을 볼 수 있다. 틀린 말도 아니지 않은가? 감히 회사 주제에…^^

•• 외우려고 하지 않는다

취뽀 같은 곳에서 정보수집을 하는 것은 좋다. 그리고 사이트나 뉴스 읽어 보는 것은 좋다. 다만 면접 당일 대기장에서 그것을 놓고 외우려고 하지 마라. 그러다 보면 긴장이 팍 들어가게 된다.

골프로 이야기 하면 골프 치기 전날까지 멋지게 연습을 하더라도 당일은 생각이 많으면 안 된다. 그냥 자연스럽게 해야 점수가 잘 나온다. 마찬가지로 이미 여러분은 20여년을 준비해 왔다. 안 외워도 괜찮다. 되려 긴장이 풀리면 기억이 더 잘 난다.

•• 눈동자를 굴리지 말고 고정시키고 심호흡 한다

사람은 눈동자를 굴리면서 생각속으로 빠져든다. 그런데 눈동자를 눈싸움 하듯이 또렷하게 뜨고 한 대상을 바라 보면서 심호흡을 하면 뇌파가 크게 안정상태로 들어가게 된다.

대부분의 면접대기장은 경치 좋은 곳에 잡는다. 그래야 나중에 합격자가 회사가 좋다고 생각하고 많이 입사하기 때문이다. 좋은 경치를 눈동자 고정시키고 바라보면서 심호흡을 해 봐라. 마음이 아주 편안해질 것이다. 이럴 때 면접보면 자신이 가진 것을 110% 발휘할 수 있다.

취업은 운이 참 많이 작용한다. 면접관이 자신과 잘 맞는 사람이면 좋은 기회가 온다. 걱정한다고 결과는 바뀌지 않는다. 그냥 열심히 준비를 하고 당일은 다 잊어 버리고 그냥 편하고 자연스럽게 면접에 임하라. 그러면 좋은 결과가 더 많이 있을 것이다.

필승면접 비법 02
개념만 통해도 합격이 가까워 진다

회사에서 사람을 뽑을 때 공통역량과 직무역량을 측정한다. 신입이라면 공통역량은 보통 열정/태도, 소통/협업, 창의/기획력 3가지를 보고, 직무역량은 해당 직무의 핵심적인 개념을 이해하고 있는가를 확인할 때가 많다.

회사에서 신입에게는 많은 것을 원하지는 않지만 지원자의 관심도를 측정할 때, 직무에 대한 고민과 준비를 확인해서 개념이 명확한 지를 검토해 보는 경우가 많다.

수많은 분들을 면접하면서 느낀 것인데, 직무분야의 가장 기본적인 질문에 답을 못할 때가 많았다. 실제 많이 벌어지는 일 중 하나를 예로 들어 보겠다.

"전 마케팅에 인생을 걸고 싶습니다."

"그러시면 지원자께서 마케팅을 사전에 등록한다고 생각하고 마케팅의 정의를 한번 설명해 주시겠어요?"

"아… 마케팅은…"

한 90%의 지원자들은 답을 못한다던가 막연한 자기생각을 어필할 때가 많았다. 또 다른 사례인데 어떤 지원자는 게임에 자신의 인생을 걸겠다고 이야기를 했다. 그래서 면접관이 질문을 했다.

"게임을 사전에 등록한다면 뭐라고 정의하시겠습니까?"
"네.. 게임은 온라인 공간에서 사람들이 모여서…"
"잠깐만요. 그럼 축구는 게임입니까? 아닙니까?"
"아… 게임입니다."
"그럼 다시 정의해 보시겠어요."
"…"
"힌트를 하나 드릴께요. 싸움은 게임인가요?"
"아닙니다"
"그럼 권투는요?"
"게임입니다."
"그럼 다시 한번 정의해 보시겠어요?"
"아…"

이런 경우가 실제 많이 벌어진다. 여기서 면접관이 원한 것은 핵심적인 요소인 "룰(Rule)", "승패", "놀이" 라는 요소를 이야기 하는 것이었다. "게임은 룰이 있고 승패가 있는 놀이입니다." 라고 이야기 할 수 있다면 좋은 점수를 받을 것이다.

대부분 회사 홈페이지나 신문기사는 검색하여 읽고 오면서, 핵심적인 개념은 찾아 보지 않는 경향이 많다. 너무 당연한 것에서부터 정확한 개념을 확보하도록 노력을 해야 한다. 가장 좋은 것은 관련분야의 쉬운 책부터 읽어 보면서 정확한 개념을 확보하는 것이다.

예전에 실제 있었던 일인데 필자가 면접을 진행하고 있을 때였다. 한 지원자가 SI사업이 무엇인지 물어 보길 래 "SI사업은 정보시스템의 기획, 구축, 운영까지 토탈로 서비스해 주는 사업을 말합니다." 라고 말을 해 주었다.

그런데 그날 실제 면접 때 그 질문이 나온 것이다. 총 3명의 지원자가 들어갔는데 첫번째 지원자는 "SI는 시스템통합 입니다." 두번째 지원자는 "System Integration 입니다." 라고 밖에 답을 못했는데 마지막 지원자는 필자에게 들은 내용을 그대로 말했다. 그랬더니 면접관이 "어느 부서에서 근무하고 싶어요?" 라고 하면서 세번째 지원자를 뽑아 주었다.

정말 취업은 운칠기삼(운이 7할, 능력이 3할)이라고 할 수도 있는 것 같다. 하지만 이 사례의 본질은 개념을 정확히 알 때, 면접관은 지원자에게 공감을 하고 지원자가 잘 준비가 되었다고 생각을 한다는 것이다. 또 개념으로 똑똑함을 판단하기도 하니 상당히 중요하다.

면접보기 전에 꼭 인터넷 검색, 관련 서적 읽기 등으로 지원분야,

직무에서 사용되는 개념을 정확이 알고 면접에 임한다면 보다 확실하게 취업에 성공할 수 있을 것이다. 특기 기본 개념이나 단어는 꼭 검색하고 가라.

필승면접 비법 03
면접에 성공하려면 눈빛과 목소리를 다듬어라

커뮤니케이션을 강화하기 위해서 중요한 '메라비언의 법칙'이라는 것이 있다. 미국의 메라비언이라는 학자가 연구를 했는데 상대방을 설득하는데 55%가 표정, 태도, 눈빛에서, 38%가 목소리, 나머지 7%가 말의 내용이 영향을 미친다고 한다. 이것은 말을 논리적으로 하는 것이 그리 큰 영향을 미치지 못한다는 것을 의미한다.

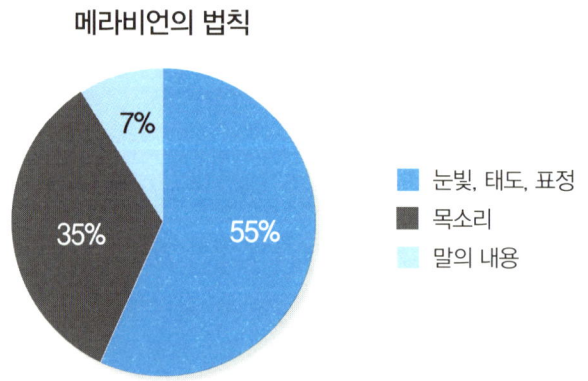

메라비언의 법칙

TV의 각종 오디션 프로그램을 보면 눈을 감고 부른 참가자에게 심사위원이 노래는 잘 불렀는데 전달이 잘 안된다는 말을 하는 경우를 자주 본다. 필자가 과거 국내 유명 제안전문가에게 배운 것은 자신은 제안설명회에 가면 몇 분 안에 오늘 될지 안 될지 안다는 것이다. 자신이 볼 때 PT에서 가장 중요한 것은 아이컨택(Eye contact)이라고 한다.

또 하나, 배우 이영애씨의 경우 초반에는 발성연습이 잘 안 되어 드라마에서는 크게 성공을 못하다가 발성이 아주 좋아진 대장금에서 크게 성공을 하게 되었다. 최근의 경향을 보면 배우의 경우 얼굴도 중요하지만 발성이나 음색이 연기력에 크게 영향을 미치는 것도 이런 법칙과 밀접하게 연결이 되어 있다. 이성민, 류승룡 등의 배우들을 보면 오랜 시간 쌓아온 탄탄한 발성이 크게 도움이 되었다고 할 수 있다.

얼굴이 잘 생긴 것도 취업에 영향을 주겠지만 수 만명을 면접보면서 느낀 가장 중요한 것은 바로 눈빛과 목소리다. 당신의 눈빛과 목소리는 어떤가?

필자가 면접 때 질문을 하면 생각을 하느라 계속 눈을 굴리는 사람들을 본다. 이런 분들의 경우 전달력이 떨어지고 신뢰성을 주지 못한다. 그런데 편안하게 필자나 다른 면접관과 눈을 맞추고 자신의 의견을 자신감 있게 이야기를 하는 사람이 있다. 이런 사람이 더 좋은 점수를 받는다. 언젠가 면접 시 목을 보라고 이야기하는 취업 컨설턴트들도 있었다. 필자는 틀렸다고 본다. 중앙에 앉은 사람을 중심으로 돌아가면서 눈을 맞추어 주어야 전달력이 높아진다. 눈을 맞추는 것이 버릇이 없는 것이라는 고정관념은 버려라.

우선 테스트로 친한 친구하고 눈을 맞춘 후 눈동자를 안 굴리고 대화를 나눠 보아라. 처음에는 할 말이 생각이 안 나서 아무 말도 못하는 사람이 있을 것이다. 그런데 그렇게 한 5분 정도 하면 눈을 안 굴리고도 대화를 편안하게 할 수 있게 된다. 그리고 혼자서는 자주 마음속으로 '지금!'이라고 외치면서 눈동자를 고정시키고 지금 하는 일에 집중해 보아라. 이런 간단한 연습들을 3개월 정도 하고 나면 주변에서 뭔가 달라졌다고 이야기를 할 것이다. 눈빛이 성성해 지면서 몰입능력이나 역지사지 능력이 향상 될 것이다.

또 하나, 기어들어가는 목소리를 좋아할 사람은 아무도 없다. 아에이오우 등의 발성을 통해서 울림이 있고 끝이 분명한 목소리를 들을 때 사람들은 호감을 가지게 된다. 자주 입을 크게 벌리면서 정확하게 울림이 있고 끝을 분명하게 말하는 연습을 해야 한다.

요즘은 취업에 성공하기 위해서 얼굴 성형도 많이 한다고 하는데 이 눈빛 훈련과 목소리 훈련이 투자대비 효과가 더 좋다고 말씀 드리고 싶다. 면접관의 입장에서 보면 자신감 있는 눈빛과 목소리에 자신도 모르게 잘 끌리게 된다.

점차 어려워지고 있는 취업시장에서는 작은 차이가 결과를 만든다. 눈빛과 목소리로 당신의 전달력을 높여라.

필승면접 비법 04
베끼려고 하지 말고, 자기 이야기를 하라.

필자가 처음 입사한 회사에서 경영관리 분야의 면접을 봤던 기억이 난다. 여러 명의 지원자가 나란히 앉아서 면접위원들의 질문에 대해 지원자가 각자 순서대로 답변을 하는 형식이었다. 그 당시 노사갈등이 주요 사회 이슈였기 때문에 "노사간의 갈등을 해결하기 위해 어느 쪽이 양보해야 한다고 생각하는지" 라는 면접 질문이 있었다. 첫 번째 지원자는 감성적으로 근로자의 입장을 대변하여 사측의 양보가 필요하다고 했고, 두 번째 지원자는 성장의 중요성을 강조하여 노측의 양보가 우선이라며 각각 의견을 제시하였다. 이미 지원자 간에도 노측과 사측으로 편이 갈려서 갈등의 현상이 나타나게 된 것이다. 그러던 중 한 지원자가 "어느 한 쪽의 양보보다는 노사 간의 대화를 통해서 타협을 하는 것이 중요하다고 생각한다." 며 대화와 타협의 중요성을 제시하였다. 이에 마지막 지원자는 노측과 사측의 어느 편을 들어야 할 지 망설이고 있었는데, 대화와 타협이라는 중립적인 의견을 듣게 되자 정답이라고 생각하고는 더 이상 고민하지도 않고 대화가 중요하다는 답변을 했다. 그러자, 면접위원은 마지막 지원자에게 "만약 대화가 진전되지 않으면 어떻게 해야하는가?" 하고 추가 질문을 하였다. 마지막 지원자는 이에 대한 답변을 고민하지 않고 있었기 때문에 대화가 중요하다는 말만 반복하고 말았다. 당연히 마지막 답변을 했던 지원자는 탈락했다. 면접 당시였지만, 나는 마지막 지원자가 차라리 소신껏 어느 한 편을 들어 논리적으로 설명했으면 어땠을까 하는 생각을 했었다. 아마 모르긴 몰라도 결과는 달라졌을 것이다. 성공한 사람들의 공통점이 반드시 실패한 사람들과의 차이점이 아닐 수도 있다. 이는 기업에도 동일하게 적용되는데, 데이비드 프리드먼은 '거짓말을 파는 스페셜리스트'라는 경영서에서 "높은 성과를 달성한 기업에서 배울 경영 교훈은 없다" 며 단순한 성공사례의 베끼기를 경계한 바 있다.

마지막으로 말하고 싶은 것은 어필하려고 한다고 어필이 되는 것이 아니라는 것이다. 잘 아는 것은 안다고 하고, 약점은 약점이라고 인정하고 개선하고 있는 노력을 이야기 하라. 이런 능력을 자기성찰지능 다른 말로는 '메타인지Metacognition'라고 한다. 맑고 흔들림 없는 눈빛으로 아는 개념을 명확하게 설명하고 모르거나 약점을 정확히 인정하고, 약점을 개선하려고 하는 노력을 명확히 설명하는 사람을 싫어할 사람은 없다.

어설프게 많이 아는 척하는 것보다는 명확하고 깊게 알고 정확히 설명하는 사람에게 높은 점수를 준다. 중언부언이 제일 나쁘다. 내가 아는 것이 명확한지 아니면 모호한지를 항상 고민해 보라. 스펙은 좋으나 면접에서 떨어지는 많은 지원자는 이 부분에 약점이 있다.

명확한 개념, 또렷한 눈빛과 명확한 목소리, 솔직한 태도는 면접성공의 핵심이니 항상 기억해 주길 바란다.

Day 7

レッスン 7

6
5
4
3
2
1

Day 7 직접 작성해 보기

STAR 목록

구분	Situation (상황)	Task (담당업무)	Action (고민과 행동)	Result (결과)
의사소통능력				
문제해결능력				
도전정신				
대인관계능력				
정보능력				
조직이해능력				
창의력				
기술능력				

※ 위의 항목은 예시로 각자 맞게 수정해 사용 가능

LIFE PLAN

작성일자:

작성자	
미션 (세상에 주는 부가가치)	
비전 (미션을 달성하기 위해 구체적으로 묘사된 중장기적인 나의 꿈)	3년 : 5년 : 10년 : 20년 : 30년 :
전략 (현재모습과 3년뒤 비전과의 GAP을 메우기 위한 선택과 집중의 방향)	
실행계획	2016년 : 2017년 : 2018년 : 2019년 : 2020년 :

희망 직무기술서

직무명	
직무개요	
주요업무내용	
필요역량/기술/지식	
분야 주요 추천도서	
주요근무가능 회사	
향후 성장경로	
보상수준 (선택)	

표준 자기소개서 내용 구성 양식

구분		내용
성장 과정	부모님께 받은 교훈	
	나의 가치관	
	기타 (깨달음 등)	
지원 동기	왜 이 직무를 선택했고, 무엇을 하고 싶은가?	
	왜 이 회사를 선택했는가?	
성격의 장.단점	성격의 특징	
	성격의 장점	
	성격의 단점 및 개선 노력	

구분			내용
보유 능력 / 기술	공통 역량	창의/ 문제 해결력	
		열정/ 도전 정신	
		소통/ 협업 능력	
	직무 역량	직무 필요역량 1	
		직무 필요역량 2	
		직무 필요역량 3	
입사 후 포부		꿈. 비전. 꼭 이루고 싶은 것	
		성장희망 경로	

역량 매칭표 작성 양식

필요역량	매칭근거
의사소통능력	
문제해결능력	
열정/도전정신	
대인관계능력	
정보능력	
조직이해능력	
창의력	
기술능력	
자원관리능력	
수리능력	

※ 위의 항목은 예시로 직무별로 각자 맞게 수정해 사용 가능

취업은 끝이 아니라 시작이다

면접이 끝났다고 정말 끝났을까?

면접이 끝나면 면접 때의 모습은 온데간데 없이 다른 모습을 하고 면접장을 나가는 지원자들을 많이 보게 된다. 어떤 지원자는 얼굴을 찌푸리고 고개를 숙이며 나오거나, (간혹 울고 나오는 지원자도 있다) 반면에 어떤 지원자는 면접 때와 같이 자신감에 넘치는 모습으로 면접장을 나오는 경우도 있다.

면접이 끝나고 나면 온갖 생각이 날 것이다. '왜 내가 그런 답변을 했을까?', '대답 못한 것이 왜 이제서야 생각이 나는 건지?' '불합격 할 것 같다'. 등등. 아쉬움이 남지만 이미 주사위는 던져졌다. 이제는 합격 여부는 면접관이 결정하는 것이다.

그러니 마음에 여유를 가지고 더 밝게 웃어보자. 그리고 속으로 스스로를 응원해 보자

'면접 보느라 수고했어. 약간 긴장했지만 내 스스로 대견해'

맘이 편해지고 웃으면서 면접장소를 나서야 한다. 그래야 면접관도 밝게 웃으면서 나서는 지원자의 모습에 더 좋은 점수를 줄 수도 있다.

아울러 면접장을 나와서 회사문을 나서기까지 기본은 지켜야 한다. 면접 안내자(인사담당 주니어)나 면접 후 방문증, 사용한 물품 등을 반납할 때 인포데스크 직원, 회사 직원들을 만나게 된다. 내가 회사 내에서 만나는 사람들을 일을 처리하는 사람이거나 그냥 지나치는 사람이 아닌 면접관과 동일하다고 생각하자.

간혹 이들의 피드백이 치명적일 때가 있다. 필자의 경우 인사담당 주니어에게 면접이 끝난 후 면접 대상자들이 어떠했는지 물어본다. 즉, 면접 대기부터 면접이 끝나고 회사를 나갈 때의 모습에서 혹시 면접관들이 보지 못한 모습이 있지 않았을까 하는 것과 인사 주니어의 인재를 보는 눈을 향상 시키기 위해서이다.

면접이 끝나고 나면 시험이 끝났을 때처럼 자신의 면접 태도, 답변 등의 오답노트를 작성해야 한다.

면접 준비과정부터 면접이 끝나고 나서의 모습들을 되새기면서 잘한 것과 잘못한 것, 개선해야 할 것으로 정리하는 것도 하나의 좋은 모습이다. 우리 회사 공채로 입사한 사원 중 한 사람이 이와 같이 '면접 오답노트'를 사용한 것을 본 적이 있다. 이 신입사원은 다른 여러 회사에도 합격을 하였지만 결국 우리 회사에 입사한 재원이었다.

회사명 :

구분	내용	Good	Not Bad	개선점
면접준비과정				
면접당일				
면접질문 및 답변				
면접 후 모습				
합격여부				

이 직원은 회사 업무를 처리할 때에도 위와 같이 스스로를 되돌아보며 일을 하기 때문에 같은 실수를 반복하지 않는 모습을 보여 동료들이나 상사들에게 좋은 평가를 받았다.

합격통보와 불합격통보

요즘은 합격여부가 메일, 문자메세지 등으로 통보된다. 하지만 간혹 확인하지 않아 합격을 하였는데도 잘 모르는 경우가 발생을 한다. 공채의 경우 회사 홈페이지에서 공지하니 일정을 확인 후 해당일에 합격여부를 확인하면 된다. 하지만 수시로 진행되는 채용의 경우 홈페이지상에 별도로 나오지 않으니, 인사담당자의 메일이나 사내전화를 알아두고 연락이 오지 않는다면 메일이나 전화를 통해 확인 요청하면 알 수 있고, 피드백도 받을 수 있다.

원하는 회사에 지원하여 단번에 합격을 하면 좋겠지만 대부분의 취준생들은 여러회사에 입사지원을 하고 합격여부를 기다린다. 아이러니하게도 그전에는 불합격통보만 오다가 한 회사에서 합격통보가 오면 다른 곳에서도 합격통보가 오는 경우가 많다. 이것은 이제 지원자가 누가보더라도 입사조건에 부합한다는 것을 증명한다. 회사마다 조직문화나 원하는 인재상이 다르지만 기본적으로 사람을 보는 눈이 비슷하기 때문이다.

여러 회사에 합격했을 경우 회사 선택의 기준을 살펴보자

1. 내가 할 수 있는 일인가, 하고 싶은 일인가을 생각해 보자

굴지의 대기업이라고 해서 다 좋은 것은 아니다. 내가 거기서 어떤 일을 하느냐가 가장 중요하다. 내가 정말 바라던 일을 그 회사에서 할 수 있는지를 살펴봐야 한다. 간혹 취업자체에 급급하여 일단 합격을 하는 곳에 입사하는 경우가 발생한다. 회사에서 내가 어떤 일을 하게 될지는 구체적으로 생각하지 않고 입사를 하는 것이다. 소위 '나는 누구? 여긴 어디?'를 고민하다가 2~3개월 후에 그만두는 것을 자주 목격하였다.

면접을 볼 때 면접관에게, 합격 통보를 받은 후 인사담당자에게 자신이 하는 일에 대해 질문해야 한다. "제가 입사하게 된다면 구체적으로 어떤 일을 하게 되는지요?" 라고 질문한다고 해서 전혀 이상하게 생각하지 않는다. 오히려 좋은 점수를 받을 수 있다.

확인하고 결정해도 늦지 않는다. 평생동안 내가 해도 괜찮을 일을 하는 것이다. 즐겁게 해야 할 일을 결정해야 한다. 내가 하고 싶은 일을 할 때, 나의 가치가 달라지고, 연봉은 자연스럽게 따라오게 되어 있다.

2. 회사 분위기가 본인과 맞는지에 대해 떠올려 보자

자신을 면접한 면접관이 어떤 사람이었는지 떠올려 보자 면접관 중 대부분은 앞으로 같이 일할 사람들이다. 표정이 밝았는지, 경직되어 있

었는지, 상호간에 예의는 갖추고 있었는지, 한사람만 이야기하고 있었는지 등 종합적인 모습을 봐야 한다.

또한 회사 안의 구성원들의 표정, 옷차림 등이 내가 생각한 것과 맞는지, 책상들은 정리정돈이 잘 되어 있는지, 지저분한지 등도 고려해야 할 사항이다.

책상이 지저분하다 해서 좋지 않은 회사가 아니고, 깨끗해도 좋은 회사가 아니다. 지저분한 것은 일이 많아서 이거저거 하다보니 책상이 지저분해진 것이고, 너무 깨끗하면 유령회사일 가능성도 있으니, 본인이 잘 판단해야 한다.

3. 기타 사항 점검

• • 희망연봉은 그냥 희망연봉일 뿐이다.

간혹 신입사원들 중 몇 친구들이 얼마 받으니 저도 그렇게 받았으면 하는 이야기를 들을 때가 있다. 또한 업종을 고려하지 않고 단순히 기사나 취업카페에 들은 이야기만 들은 이야기에만 의지하여 자신의 연봉을 말하는 경우가 있다. 이럴 때 인사담당자는 신입연봉은 얼마이고, 협상은 없습니다. 라고 할 것이다. 신입연봉은 특별한 경우를 제외하고는 대부분이 정해져 있다. 입사할 회사의 연봉이 궁금하다면 당장 업계의 초임 연봉 평균을 알아보자, 거기서 +- 400 만원 선에서 자신의 연봉을 가늠해 볼 수 있다. 그리고 정말 가고싶은 곳이라면 연봉에 연연해서는 안된다.

회사는 연봉이 전부가 아니다. 내가 여기서 성장 할 수 있는 곳인가가 중요하다. 연봉은 본인이 입사하고 나서 어떻게 하느냐에 따라 결정될 수 있는 사항이다. 간혹 초임이 낮더라도 인센티브가 많은 회사도 있다. 연봉이 낮은 대신 복리후생이 좋은 회사 또는 근무시간 짧거나 휴가가 많은 회사들도 있으니 연봉에 연연하지 말아야 한다. 그러다 망한 사람 여럿 봤다.

출퇴근시간

집과 회사의 거리가 가까우면 회사일 외에 여가를 즐기거나 자기계발을 할 시간이 늘어난다. 여러가지 측면에서 가장 유리한 곳은 직장까지 걸어서 다닐 수 있는 곳이다. 신입사원 중에서 부모님과 독립하고자 하여 회사 근처 오피스텔에 사는 경우도 여럿 있다. 하지만 지방에 사는 것을 제외하고 부모님과 같이 사는 것이 좋지 않을까 싶다. 결혼하면 시간이 없어서 잘 보지 못하고, 비용이 많이 들고, 스스로 챙겨야 할 것들이 많아 혼자사는 것이 만만치 않다.

출퇴근 독서법

나는 출퇴근 시간에 주로 독서를 한다. 바쁜 사회생활에 차분히 책을 볼 시간이 없기 때문에 자연적으로 생겨난 습관이다. 해보니까 정말 좋다. 어차피 2시간 동안 아무것도 못하고 멍하니 있으니 책을 읽으면 얼마나 효율적인가? 이것은 성공한 사람의 말을 매일 듣는 것과 같다. 나의 출퇴근 독서법을 간단히 설명한다.

1. 대중교통을 이용하고, 주로 지하철을 활용한다.
   두 권 정도를 가방에 넣고 다닌다. 한 권만 보면 지루할 수 있기 때문이다. 전혀 다른 분야의 서적을 번갈아 보면 질리지 않는다.
2. 자리에 되도록 앉지 않는다. 자리에 앉으면 잠을 잘 확률이 높아지기 때문이다.
3. 재미있는 부분 부터 본다. 이리 저리 넘기다 보면 어느새 책을 다 읽는 경우가 많다.
4. 피곤한 날에는 스마트폰 기사나 잡지를 보면서 머리를 식힌다.
5. 책 읽는 것이 정말 싫다면 팟캐스트를 듣는 것도 좋다.
6. 이제 시간 없어서 책을 못 본다는 이야기는 하지 말자. 화장실까지 이용하면 자투리 시간은 얼마든지 있다. 책을 처음부터 읽으려고 하면 자투리 시간의 활용이 힘들어진다. 재미있는 곳부터 보는 것이 요령이다.

　　불합격 되었다고 우울해 하기에는 우리에게는 너무나 많은 회사들이 있다. 절대로 조급해하거나 판단이 흐려져서 본인이 원하는 회사나 직무를 포기해서는 안된다. 그러기 위해서는 다시 용기를 내고 왜 떨어졌는지에 대해 '오답노트'를 살펴보고 면밀한 검토를 통해 실마리를 찾아야 한다. 가장 좋은 것은 해당 회사의 인사담당자에게 직접 전화를 걸어 떨어진 이유에 대해 문의하는 것은 좋겠지만, 인사담당자도 바로 알려 주기에는 다른 일과 지원자들이 많기 때문에 이메일을 통해 확인하는 것이 좋다.

다른 곳에 면접을 가면 이런 질문을 하는 면접관들이 계신다.

"우리 회사말고 어떤 회사에 지원하셨나요?"

"그 회사에서 떨어진 이유에 대해 설명해 보시겠어요?"

오답 노트 같은 것이 있는 취준생이라면 잘한 점과 실수했던 것을 논리적으로 말함으로써 좋은 점수를 받는다. 하지만 본인이 떨어진 이유에 대해 이야기 하지 못하고 우물쭈물 한다면 좋은 평가를 받지 못하는 것이 자명한 사실이다.

회사생활을 버틸 강인한 체력을 만들자

회사에 입사하고 나면 군대 이등병 생활처럼 아무것도 못하는 바보가 된다. 하는 것마다 실수가 연발이고 자괴감에 빠지기도 한다. 특히 복사나 차 심부름, 서류정리 등 허드렛일이라도 시키면 이것 하려고 그 동안 그렇게 열심히 공부했나 생각이 들 때도 있다. 지방근무로 배치까지 되면 부모님과 떨어져 외로움을 느껴 사고가 터지기까지 한다. 이런 상황 등을 대비해서 첫직장에서 3년은 버틸 수 있는 정신적. 육체적 체력, 즉 일명 맷집을 길러야 한다. 즉, 혼자서 이 어렵고 험난한 길을 갈 수 있는 체력을 만들어야 한다. 이제 자기 힘으로 혼자서야 한다. 그러기 위해서는 합격한 후에 입사 전까지 해야 할 일이 있다.

"취업 후 회사를 다니는 장면을 리얼하게 상상하라"

아침에 출근하고 동료들과 인사하고, 오전 일을 하다가 잠깐 회의 후, 점심… 점심 후 보고서 작성, 오후에 보고, 다시 보완 등. 해당 업무들을 리얼하게 상상하고 그때마다 어떻게 문제해결을 할 것인지 상상해 보자. 그리고 상사의 입장도 고려해보고 여러 상상들을 해 보자.

예를 들어 상사에게 보고를 할 일이 생겼다. 그러면 어떻게 준비하는 것이 가장 효과적일까?

1. 내가 상사라면 어떻게 할지를 생각한다.
2. 논리적으로 잘 짜여진 보고서를 준비한다.
3. 대내외의 우수사례를 벤치마킹하여 준비한다.
4. 전문적인 자료를 반영하여 보고를 준비한다.

답은 1번이다. 2~4번의 내용도 중요하지만 그건 나중의 일이다. 보고 받는 사람이 원하는 바를 알지 못하면 성공적인 커뮤니케이션이 어렵다. 이런식으로 고민하고 상상해 보면 실제로 해당 일을 할 때 누구보다도 수월하게 되고 예상되는 문제를 사전에 미리 해결할 수 있다.

그리고 일을 하다보면 상사나 주위동료들부터 질책을 받을 때가 있다. 사람은 누구나 실수를 한다. 그럴 때 내가 어떻게 행동해야 할까? '이 자리를 모면할까?', '아 내가 생각이 미처 깊지 못했구나' 라고 두가지 생각이 날 수 있지만, 솔직했으면 한다. 순간을 모면하려고 하지 말고 당당하게 "죄송합니다. 미처 확인하지 못한 제 실수입니다." 라고 당당히 말해야 한다.

입사첫날의 이미지가 이후 회사생활을 좌우한다.

입사를 했다. 이제 전쟁터로 들어왔다. 나의 무기는 초라해 보여도 내면에 숨겨져 있는 것들이 많으므로 자신감을 갖자. 당당해 지자. 스스로를 독려하자.

합격을 하고 입사하게 되면 신입사원 교육으로 짧게는 1주에서 3개월의 신입사원 교육이 시작된다. 신입사원교육은 같은 입장으로 모인 사람들이 있어 힘들지만 참고 견디기가 수월하다. 하지만 현업에 배치되었을 때는 전쟁터다.

현업에 배치된 첫날 모두들 나에게 관심있고, 선배들이 모든 것을 다 가르쳐 줄 것 같은 기대감을 가지고 사무실 안으로 들어간다. 하지만 입사첫날에 간단히 인사만 하고 나서 아무도 관심을 주지 않고, 다들 본인의 일에만 정신없이 하고 있는 선배들의 모습을 보게 된다. 아무것도 하지 않는 나의 모습에서 초라함까지 느낀다. 좌불안석으로 앉아 있기에는 너무나 중요한 시간이다.

이럴 때 가만히 있으면 안된다.

1. 일할 수 있는 환경 조성

회사에 왔으면 일을 해야 한다. 회사의 기본은 이익창출이고 누가 먼저 선점하느냐에 따라 승패가 달려 있다. 회사에서 지급된 컴퓨터가 있다면 내가 바로 일 할 수 있도록, 바로 사용이 가능하고 효율적으로 일할 수 있는 수준이 되도록 세팅해야 한다. 그리고 사무물품 등 필요한 것도 신청하고, 책상에 사무용품 및 기타 물품 등도 준비하여 바로 일할 수 있는 분위기를 조성한다. 또한 각 부서의 위치, 회의실, 휴게실 등도 사전에 알아 두고 필요한 부분이 있을 때 언제든지 찾아갈 수 있도록 한다.

2. History 파악

어떤 일을 시작하던지 그 일의 History를 모르면 시행착오를 할 경우가 너무나 많다. History를 알게 되면 이미 진행되었던 과거의 일이 왜 그렇게 진행되었는지 이유를 알 수 있고, 오류를 최소화하면서 일을 성공시킬 수 있는 기초를 닦을 수 있게 된다. 이런 까닭에 전문가는 일을 시작하기 전에 History를 파악한다.

History를 파악하기 위해 보아야 하는 것은 과거에 산출되었던 기획문서, 규정/방침, 그리고 회의록, 메일 등 이다. 시간의 흐름에 따라 쭉 읽어 가다 보면 현재 제도나 시스템이나 일하는 내용들이 왜 이렇게 되었는지 알게 된다. 또한 주변사람들에게 예전 이야기를 많이 물어보고 듣는 노력도 상당히 중요하다. 문서와 대화를 통해 과거와 대화를 하면 통찰력을 얻게 된다. History를 알고 접근하는 사람과 그렇지 않은 사람은 업무수행 능력에 큰 차이가 생기게 된다.

3. 긍정적인 생각과 몰입

단지 지금은 하찮은 일을 한다 할지라도 지금 내가 하는 일이 회사의 성장에 도움이 될 수 있는 일이라고 사고의 전환을 하고 항상 긍정적으로 생각해야 한다. 신입사원이 할 수 있는 일이 극히 드물다. 현재에 집중하고 내가 현재 통제할 수 있는 것만을 집중하는 것이 필요하다.

　과거에 대한 후회는 기억속에서 있을 뿐이고, 불안한 미래는 아직 오지 않았다. 존재하는 것은 '지금 이순간' 뿐이다. 지금 이 순간에 몰입할 때 행복감을 찾을 수 있고, 자신이 통제할 수 있는 것에 집중하고 몰입하면 사람은 결국 자신이 원하는 꿈을 이룰 수 있다. 이 책을 읽는 취준생도 자나깨나 생각나는 꿈을 하나 가져보고, 실제 매일매일 자신이 통제할 수 있는 것에 집중하는 방법을 익히면 성공의 그날이 멀지 않다고 이야기 하고 싶다.

에필로그

취업 상담을 하다보면 공통적인 특징이 있다. 대부분의 취준생들이 자기의 능력보다 더 많은 보상을 해 주는 회사를 가고 싶어한다. 그리고 일이 편하고 월급 많이 주는 회사를 원한다. 결론부터 이야기 해 보자. 그런 회사는 없다. 있어도 그런 회사는 개인이 성장할 수 없는 구조이다.

그럼 어떻게 하면 자신의 능력에 맞는 보상을 주는 회사를 갈 수 있을까? 취준생들은 학교이름과 학점은 벌써 결정이 났기 때문에 이력서에 그대로 써야 하고, 4년 동안 열심히 했지만 원하는 만큼 올라가지 않은 영어성적표도 이력서와 함께 첨부해야 한다. 그럼 당장 무엇을 준비해야 할까? 수능을 다시 보고 지금보다 좋은 학교를 다녀야 할까? 아님 4년 동안 올라가지 않은 영어공부를 또다시 1년을 하는 것이 맞는 것인가?

이 책은 이미 결정되어진 스펙보다는 나의 본질을 다시 돌아보고, 그 삶을 자소서와 면접에서 어떻게 표현, 정리하여 잘 준비된 모습으로 보여줄 수 있도록 하는데 도움을 주는 책이다. 서두에 이야기 한 것처럼 7일만에 없는 스펙이 생기지 않는다. 하지만 7일동안 본인을 다시 한번 돌아보고 자소서를 정리해 본다면 객관적인 스펙은 크게 변하지 않겠지만 자신만의 스토리라는 진정한 무기가 생길 것이다. 물론 내 모습이 아닌 내가 상상하는 것으로 가상의 완벽한 사람의 가면을 쓰면 절대로 안 된다. 본인의 모습이지만, 정리되고 세련된 모습으로 묘사되어야 한다. 이렇게 잘 준비된 모습으로 취업시장에 뛰어들어야 한다.

어느 취업포털에서 조사한 자료에 따르면 구직자 중 60%가 회사에 최종 합격하고도 입사를 포기한 경험이 있는 것으로 조사되었다. 이것은 아무런 준비도 하지 않고 일단 합격해 보자는 마음으로 지원했다가 덜컥 합격하여 입사포기가 이뤄진다는 반증이기도 하다.

7일간의 준비가 짧지도 않고 길지도 않은 시간이지만 그로 인해 취업의 목적과 방향에 맞는 회사와 직무에 지원하고, 회사생활을 해 나간다면 최종합격을 하고서 입사포기를 하는 일이나 1년안에 퇴사하는 일도 줄어들 것이다. 많은 분들이 이 책을 통해서 각자의 재능과 적성에 맞는 일을 얻을 수 있다면 이 책의 저자로서 행복할 것 같다.

21세기에는 컴퓨터와 로봇이 인간의 일을 대체하는 현상이 계속해서 진행될 것이다. 하지만 아무리 빅데이터나 인공지능이 발달하더라도 인간의 영역은 분명히 있다. 이 책이 업의 의미를 다시 한번 생각하게 하고, 각자의 상황에서 가장 효과적인 취업방법을 찾는데 좋은 가이드 역할을 할 수 있기를 바란다.

항상 옆에서 지켜봐 주시고 격려해 주시는 가족들과 알고 있는 지인들에게 감사한다.

책의 기획부터 출간까지 모든 과정에서 끊임없이 조언해주고 격려해 준 아틀라스북스 송준화 편집장님, 박진규 본부장님과 몰입과 인문학을 가르쳐주신 홍익학당 윤홍식 대표님, 직업정보와 사람에 대해 애정이 남다르신 경기대학교 직업학과 강순희 교수님, 항상 지지해 주시는 스마일게이트의 김지훈 이사님, 인사에 대한 열정과 헌신의 모범을 보여주신 넷마블의 전현정 이사님, 인사의 길과 인생의 길을 함께 해주는 테라텍의 김성화 이사님, 특히 책의 마무리를 함께 한 강희승 팀장님, 디자인을 도와준 진보은님, 좋은 사례를 제공해 준 이승주님, 김하늘님, 김기윤님, 박예솜님, 박성하님 외에도 이 책이 나오기까지 도움을 준 많은 분들께 감사 드린다.

저자 직강 및 컨설팅 의뢰

국내 최고의 인사 전문가 3인의 취업준비생 및 학생들을 대상으로 따뜻하면서 따끔한 취업 이야기를 현장에서 들을 수 있습니다. 취업에 대한 스킬을 넘어 직업과 삶에 대한 명확한 가이드가 제공됩니다.

취업특강 (1일 과정 – 2시간 ~ 5시간 / 시간 조정 가능)

대학 및 고등학교 학생 대상으로 취업준비 전반에 대하여 인사총괄출신이 직접 알려 드립니다.

- 이력서, 자기소개서, 면접에 대해 직접 코치
- 기업이 원하는 인재상에 대해 진단을 받고 취업 가능성 향상
- 이력, 지원분야에 맞춘 취업 진단

특강 커리큘럼

구 분	내 용	
진로설계 및 강점 찾기	• 자기분석(역량, 성격 등)	• 강점에 따른 관점의 전환
채용시장의 동향	• 최근 채용시장의 ISSUE & 동향 • 취업 프로세스에 대한 이해	• 기업분석
자기소개서 전략	• 전략적인 자기소개서 작성법	• 자소서 질문 의도 파악
면접 전략	• 인성/역량면접 진단	• 모의면접

※ 해당 일정과 시간, 커리큘럼은 조율 가능합니다.

- 학교/개인 취업 컨설팅 가능 (아래의 연락처 참조)
- 그 외 강의 ⋯ 직업선택과 성장의 비밀 – 급변하는 취업시장에서 살아남기
  - ⋯ 신입사원 역량 향상 과정 – 직장과 삶에서 성공하는 비법
  - ⋯ 전략적 기획 및 보고서 작성 과정
  - ⋯ 공통역량 강화/셀프리더십 향상 과정
  - ⋯ 미션/비전설계 과정

연 락 처
- 이메일 career@hifactory.kr
- 네이버 카페 http://cafe.naver.com/selfdevelopmentstory

비전수립부터 회사분석/자소서/면접준비/회사선택까지 세심한 가이드
7일간의 취업수업

1판 1쇄 인쇄　2016년 10월 10일
1판 1쇄 발행　2016년 10월 15일

지 은 이　이윤석, 정기준, 박희수
펴 낸 이　송준화
펴 낸 곳　아틀라스북스
등　　록　2014년 8월 26일 제306-2014-16호

편　　집　강희승
표지디자인　진보은
주　　소　(02034) 서울시 중랑구 공릉로 18, 310호(묵동)
전　　화　070-8825-6068
팩　　스　0303-3441-6068
이 메 일　book@hifactory.kr

ISBN　979-11-950696-8(13320)
값 14,000원

저작권자 ⓒ 이윤석, 정기준, 박희수
이 책의 저작권은 저자에게 있습니다. 서면에 의한 저자의 허락없이
내용의 일부를 인용하거나 발췌하는 것을 금합니다.

잘못된 책은 바꿔 드립니다.

이 도서의 국립중앙도서관 출판시도서목록(CIP)은 서지정보유통지원시스템 홈페이지
(http://seoji.nl.go.kr)와 국가자료공동목록시스템(http://www.nl.go.kr/kolisnet)에서
이용하실 수 있습니다.(CIP제어번호 : CIP2016023033)

※ HiFACTORY는 아틀라스북스의 비즈니스 교육 관련 자매 브랜드입니다.